◆　中学教師の仕事術・365日の法則　◆

第１巻

# めっちゃ明るい教室経営の法則

向山 洋一 編著　染谷 幸二 編

明治図書

# まえがき

## プロの仕事術でムダな時間をなくし、授業を充実させよう！

私はかつて、中学校教師のことを「授業がへったくそな中学教師」と言ってました。「授業がへた」どころではなく「授業がへったくそ」と言ってきたのです。

私の中学校時代の恩師は、それぞれに個性的であり、知的であり、魅力的な授業でした。そういう教師がざっと数えても一〇人以上はいました。

中学校の授業が魅力的なら、生徒の力も伸びます。

当時の母校は、スポーツ大会優勝、進学実績抜群でした。私の属した科学クラブは「蛍光灯の諸特性」という研究で、品川区内最優秀となり、都の大会でも、研究内容の高度さが注目されました。

私は小学校の教師となり、年に一度、中学校の全教室の授業を参観するようになりました。

その光景は悲惨でした。

先生が勝手に一人でしゃべっているのです。クラスの１／３の子が机につっぷしていました。ノートをろくにとってない子もいました。

小学校の時、あんなに勉強好きだった子どもたちが、授業にそっぽを向いていました。

どの教室も、どの教室も同じでした。

全学級二〇くらいの中で、私の目から見て「一応授業らしい」と思えたのは、一学級くらいでした。

ひどい地域でもなければ、ひどい学校だったわけでもありません。

高級住宅地の田園調布中学校、大村はま先生がいた石川台中学校、ノーベル賞の利根川博士の出た雪谷中学校などです。学力テストでは、東京都でトップクラスに入る中学校なのです。先生方も、見るからにヴェテランです。

子ども達は、学校の授業を相手にしないで、塾、予備校で学力をつけていました。

「あきらめた子」は、他のことに熱中していました。

中学校の授業は、やせ細っていました。

中学校の先生は、素質がある方が、いっぱいいます。その力が発揮できれば、小学校など問題にならないほど、ダイナミックでドラマチックな実践ができるはずです。

ＴＯＳＳ中学教師の中にも、すばらしい実践が次々と生まれてきています。

「部活がいそがしい」「進路指導がいそがしい」「生活指導が大変だ」と、中学校の先生方はいいます。

そのご苦労は、よく分かります。

でも、「短時間で処理できる仕事」「短く終らせられる会議」に山のような時間をかけています。全くの時間のムダがいっぱい見られます。

シロートの仕事なので、時間が浪費され、ダラダラした会議で多くの教師をしばっています。

プロらしい仕事術を身につければ、時間はかなり生まれ、「授業」の準備、研究にも時間をまわせます。

ぜひそうなってほしいと思うのです。

ガタガタしている日本の教育を、根本で支えられるのは、心ある中学教師である。

本書の「仕事術」が、役にたてば幸いです。

二〇〇五年一月二六日

ＴＯＳＳ代表　**向山　洋一**

# 目次

## 第Ⅳ章　タイム別めっちゃ明るい学級を作るポイント

## 第V章　めっちゃ明るいトラブル解決法

## 第Ⅵ章　ネアカ流　保護者が笑顔になる家庭訪問の演出

# 第Ⅰ章　ネアカ学級の極意

## 子どもの小さな事実を見つけ、感動し、子どもをほめ続ける

### 一　人権のあるクラス七か条

新卒の頃に聞いた向山洋一氏の講演が忘れられない。

「子どもの権利条約は、教室をどう変えるか」というテーマの講演だった。

講演の中で向山氏は「人権のあるクラス七か条」を発表した。

①休み時間に男女で遊んでいる
②一人残らず「ありがとう」と言われた経験がある
③どの子も学校に来るのが楽しい
④どの子も友人がいる
⑤どの子もとび箱が跳べる
⑥漢字、四則計算のクラス平均点が九〇点を超える
⑦一枚の写真を見て、三〇種以上の意見が出る

メモをとりながら「どれも達成にはほど遠い。自分の学級は人権が守られていない」とドキリとした。

私を一番驚かせたのは、①であった。「男女で遊ぶってそんなに大切なことなのか？」と不思議な気持ちがした。

①についてさらに向山氏が言った。

> 私は、これ一つだけでもよいくらいだと思います。男女で遊ぶクラスは、良いクラスです。
> 一番素朴な評価基準です。
> （『教室ツーウェイ』一九九三年二月号　岡田健治氏論文）

この講演を聞いてから後、この「七か条」がずっと私の頭の中にある。中学校においてもこの「七か条」がクリアされていなければ、どの生徒も満足させているとは言えないのである。「向山学級」を追うスタートラインにさえ立っていないのである。

### 二　まず、男女で「遊ぶ」学級をつくる

向山氏の「七か条」のクリアはやはりここから始まる。

男女で「遊ぶ」学級をつくることである。これを突破することで道は開ける。

向山氏は「遊び」は子どもの成長にとって欠くことのできないもっとも重要なものだと考えている。

裏文化の世界、遊びの文化の世界をぬきには子どもの成長は語れない。
　こうした裏文化は、表文化中心の社会からは（教師・親からは）無視されてきた。時には迫害さえうけてきた。しかし、それはどれだけ迫害されようと生き続ける。遊びの世界は、子どもの世界の中心だからである。
　そこでは、子どもは自由であり、平等であり、かつ何らかのエキスパートであり、秩序づけられた存在感があり、おもしろいからである。
（向山洋一全集二一巻『向山学級の裏文化』一四頁）

中学生も「遊び」は大好きである。茶髪の生徒だって、汗をかくほどドッジボールに熱中する。中学卒業前の三年生だって鬼ごっこ、かくれんぼを無邪気に楽しむ一面をもっている。

向山氏は「遊びは授業に匹敵する」と言い続ける。

教師は多数の子どもが一緒に遊べて、しかも面白いという遊びをいっぱい知らなければならない。また、そうした「遊び」をもりあげていく技を持たなくてはならない。
（前掲書　九四頁）

この言葉は中学教師にこそあてはまる。「ネアカ学級」にあこがれるならば、中学生が盛り上がる「遊び」や「ゲーム」の数々を知っていなければならない。「そんなこと恥ずかしくて」と照れる男子にも、「何もしたくない」とダルそうにする女子にも「やってごらんよ」と言える温かな雰囲気を学級につくれなければならない。そのためにも教師には「やんちゃなガキ大将」になれる明るさとたくましさが必要なのである。

井上好文氏、小森栄治氏、染谷幸二氏、ＴＯＳＳ中学を代表する実践家はきっと学級ではガキ大将である。「チャレラン（チャレンジランキング）」「チョコバナナ・よもぎだんごパーティー」「五色百人一首」などの裏文化を愛し、教室を熱狂させているはずである。それは井上氏、小森氏、染谷氏が、全国の中学生が競ったり、楽しんだりできるようにとＷＥＢ上にまで裏文化を発表していることからも分かる。井上氏、小森氏、染谷氏は「遊び」「裏文化」が、中学校教育においても重要な意味をもつと確信しているのである（三氏のＷＥＢコンテンツはこのＵＲＬにある）。

インターネットランド（ＴＯＳＳ商標）
http://www.tos-land.net

「裏文化」は自分とは無縁だという方でもすぐに挑戦できるものがある。五色百人一首である［入手先・東京教育技術研究所　FAX　〇三（五七〇二）二三八四］。

　向山氏は言う。

> 五色百人一首を実践しなければ、向山学級の裏文化、熱気、知性は決して理解できない。　前掲書　一四五頁
> 　私のすべての教育活動・実践の中で、百人一首が最も高い支持率を占める。
> （前掲書　一六五頁）

五色百人一首は中学生も熱狂させる。男女が仲良く机を合わせて活動する。学年・学級対抗でも盛り上がる。五色百人一首の中学校におけるドラマはこれに詳しい。

> 小宮孝之監修・田上善浩編
> 『五色百人一首で学級づくり　中学校』明治図書

ぜひ、お読みいただきたい。

## 三　教師と生徒、生徒と生徒の太い絆をつくる

向山氏は学級経営の急所をこう言う。

> 人間である教師が人間である子どもとどのような絆をつくっていくかということなのである。
> （『学級経営の急所』三八頁）

中学生は感性が豊かである。それが自分にとって必要なことであり、大切なものだと考えるならば、夢中になって追いかける。自分にとってその学級が大切なものに思えるならば、この上ない愛情を注ぐ。反面、自分の殻に閉じこもることもあり、他人に残酷にもなる。

　生徒は学級のリーダーである教師にまずは鋭い批判の目を向ける。「約束を守るか」「時間を守るか」「言ったことを実行するか」「授業の準備をしているか（自分たちを退屈させないか）」「清潔感があるか」。教師が信頼のおける人間だと分かったとき、生徒は素直で子どもらしい表情を見せる。

　まずは教師が生徒から信頼を勝ち取ること、これが学級の絆を育んでいく第一歩である。だから「黄金の三日間（新年度始まりの三日間）」には圧勝しなくてはならない。そして、生徒同士の関係に目を配り、学級にいるすべての生徒が安心して楽しく生活ができるような取り組みを重ね、「絆」を太くしていかなければならない。

　その中心が「授業」であり、「遊び（イベント）」であり、

「部活動」である。

> ②一人残らず「ありがとう」と言われた経験がある
> ③どの子も学校に来るのが楽しい
> ④どの子も友人がいる

こういった子どもの事実は教師の真剣な努力、細やかな配慮なしにつくることはできない。さらに、中学校での教師と生徒の絆、生徒と生徒の絆は時に脆く切れやすいことを承知し、学年間、教科間、部活動指導者間の連携も心せねばならない。医療機関、警察、民生委員、地域、何より保護者との協力も必要である。担任が自己責任においてできることとできないことを明確に意識しておかなくてはならない。

## 四　授業が下手くそな教師は差別者である

生徒は何より、教師が授業をきちんと成立させてくれるか、力のつく授業をしてくれるか、楽しい授業をしてくれるかに注目をしている。中学生は健気である。大半の生徒は、どんな授業であれ、授業はきちんとうけようと思っている。自分たちの学級が静かに授業を受けることができれば、自分たちに満足した表情を見せる。中学生はいとおしい存在である。向山氏は言う。

> 子どもが「成功体験」を実感できる授業は「授業」の中で特別の意味をもつ。「成功体験」を実感することによって「勉強への意欲」をもつばかりではない、「生きていく力」も獲得するのである。一年間の千時間もの授業の中で、何回そうした授業ができるのか―これは教師が避けて通れぬ問題である。私は「人権教育」の最高のものは、「成功体験」を実感させる授業をすることだと思っている。私はいくら口で人権を尊重することを言っても、授業の中で「漢字」や「計算」や「跳び箱」や「作文」や「観察」などの「成功を体験させてない授業」をする教師を信用しない。
>
> （『学級経営の急所』四三頁）

TOSS中学では、「できない子ができるようになり、できる子もまた満足する」向山型の授業をつくることに全力をあげている。『あかねこ中学数学スキル』『あかねこ中学漢字スキル』（光村教育図書）は全国の何万人もの中学生に「成功体験」を保障している。中学生に日本一の授業だと評価をうけた「向山・小森型理科」授業のさらなる発展に努めている。また『中学社会・学力補強プリント』『中学英語・学力補強プリント』（東京教育技術研究所）も多くの教室でその成果が確かめられている。

⑤どの子もとび箱が跳べる
⑥漢字、四則計算のクラス平均点が九〇点を超える
⑦一枚の写真を見て、三〇種以上の意見が出る

に見合う基準を各教科で実現することが、中学生へのもっとも誠実な態度であり、中学生にとって価値のある仕事なのである。

## 五　これが「ネアカ学級」の極意

向山氏と五年間同学年を組んだ師尾喜代子氏が向山学級を評して書いている。

　一人一人輝く明るさがある。どの子も目立つと言おうか。自信家と言おうか。一人一人の個性が際立っている。
　発言する子どもは、個性的で、自信に満ちていた。友だちの反論を楽しみ、また、自分の考えを構築していくのだ。間違ったって、攻撃されたって平気に見えた。男の子も女の子もない。勉強できる、できないも関係ない。考えること、討論することが楽しそうなのだ。
（『集団を統率するには法則がある』明治図書）

　まさに「ネアカ学級」である。師尾氏は、このような学級がなぜできるのかを、四つの点から分析している。（以下、向山氏、師尾氏の言葉は、すべて『集団を統率するには法則がある』（明治図書）からの引用である）

（分析一）向山氏は、「どんな意見も認める」という。

〈師尾氏〉向山先生の子どもの認め方は半端じゃない。あの大きな体で、「よし！」「そうか。」「凄い。」と力強く認める。子どもたちは自信を持ち、発言することに喜びを感じる。まずはとりあえず発言することを目的とする。

（分析二）向山氏は「世の中には、いろいろな評価がある」ことを伝えるという。児童会選挙で落選した優等生の子にはこのような励ましを与えている。

〈向山氏〉世の中には、いろいろな価値観がある。それが分かっただけでもよい勉強になったと思えばいい。

（分析三）向山氏は「冷やかしは許さない、見逃さない」という。師尾氏は向山氏に聞く。

「なぜ、男女の仲がいいんですか。冷やかすどころか、皆、認め合って、微笑ましいですね。」向山氏の答えである。

〈向山氏〉面白い遊びは、ほっといても男女が一緒に遊びますよ。低学年だったら、教師が一緒に遊んであげれば、いいでしょうけど…。ただ、冷やかしはいじめと同じように許しません。見逃しません。

「冷やかし」は「いじめ」と同じなのである。「冷やかし」から抱く、「恥ずかしさ」や「照れ」は、子どもをしり込みさせてしまい成長の機会を奪うのである。自分はダメだと卑下する子、ネクラな子を育ててしまうのである。

〈分析四〉向山氏は「人目を気にしない」という。

師尾氏は「向山学級は、静かではないが騒がしくない。きちんとしていないが乱れていない」という。そしてその自由な学級の源は向山氏のこのような意識だと言う。

〈師尾氏〉「何が大切か」向山先生の指示は、そこだけから生まれる。「静かにさせる」「きちんとさせる」指導は、教師の見栄から生まれることが多い。向山先生は、多分そうした意識をもったことがないのではないかと思う。

向山学級のような「ネアカ学級」をつくるためには、まずは教師が変わるしかない。教師がネアカになることが必要である。

「学級の性格は教師の個性の照り返し」だからである。

向山氏の言葉を借りれば、ネアカな教師は「子どもの小さな事実」を見つけ、感動し、子どもをほめ続けることができる教師である。ネクラな教師は、子どもの小さな変化に感動するのではなく、大きな粗大な変化だけを求めた末に、「自分は駄目だ」「困った」「失敗だ」と思い続ける教師である。中学生はネアカの教師を望んでいるに決まっている。

冒頭の「七か条」は「向山学級」を追うスタートラインに立つ道標である。「子どもの小さな事実を見つけ、感動し、子どもをほめ続けることができれば必ずクリアできる。

〈島根県石見町立石見中学校　**川神正輝**〉

# 第Ⅱ章　ネクラ学級からの脱出「黄金の三日間」にまずやること

## めっちゃ明るい学級は、ほめ続ける営みの中から生まれる

生徒にとって『黄金の三日間』は、期待よりも不安の方が大きい。だからこそ、教師は不安を期待に変化させる意図的な営みが必要となる。

意図的な営みとは、何か？　答えは「ほめ続けること」であると、私は考えている。

向山洋一氏は、次のように主張している。

> 「ほめる」とは、何から何までほめることではない。ほめるに値するものを見つける目も必要とする。また、子供のすばらしい行為をすばらしいと思う感性も必要とする。そうでないと、口先だけの「ほめことば」になってしまう。
>
> （『子供を動かす法則と応用』明治図書）

『黄金の三日間』は、生徒理解が十分ではない。だからこそ、ほめるための《布石》を教師が用意する。その布石が多ければ多いほど《ほめ続ける》ことが可能となる。

以下、中学一年生を例に紹介する。

### 一　黒板メッセージでほめる

私の『黄金の三日間』は、入学式前日からスタートする。

入学式は、中学校生活三年間のスタートである。新鮮な気持ちで第一歩を踏み出して欲しいと願う。一日かけて教室を念入りに掃除する。卒業生から譲り受けた机と椅子にはイタズラ書きされたものも多い。消しゴム、シンナーできれいにして入学式を迎える。

新入生は、期待よりも不安いっぱいで入学式を迎える。教室に入ったとき、少しでも安心できる環境を用意したい。そのためには、自分の座席をすぐに見つけられる配慮が必要である。教室の入口二か所に、座席表を張り出す。そして、机には生徒の名前を書いた大きなポストイットを貼っておく。たったこれだけでも、生徒の不安は軽減できる。

最後に、私は黒板に次のようなメッセージを書く。

> 入学おめでとうございます。
> 中学校生活三年間のスタートですね。
> 先生は八時半に教室に来ます。
> 中学生らしい「行動」と「心」で、先生を待っていてください。
>
> 学級担任　染谷幸二

朝の職員打ち合わせを終え、八時半前に教室に向かった。

一年生の教室が近づくにつれて、私も緊張感が増してきた。『黄金の三日間』は、この一瞬で決まると思っているからである。

静かにドアを開き、教室に一歩を踏み入れた。その瞬間、三五名全員の視線が私に向けられた。約束の時間前にもかかわらず、全員が席に座り、静かに私を待ち続けていたのである。このとき、私は「この学級なら、いい思い出をつくることができる」と感じた。

> 中学生らしい「行動」と「心」で、先生を待っていてくれたんですね。先生の願いが三五名全員の心に伝わったことを知って、とってもうれしく思っています。
> 今日から始まる中学生活が、みなさんにとって素晴らしい三年間になると、今の姿を見て、確信しました。
> 担任の染谷幸二です。よろしくお願いします。

黒板メッセージは、教師と生徒との最初の出逢いを「ほめる」という行為で迎えさせてくれる。たった四行のメッセージが、最高の出逢いを演出してくれるのである。

生徒との信頼関係を築き始めた四月下旬、このときの様子を聞いてみた。ある生徒が、次のように教えてくれた。

> 教室に入って自分の座席についたとき、黒板メッセージが目に入りました。
> 一〇時から始まる入学式までの約二時間、何をやって過ごしたらいいのかが不安でした。隣の教室に行きたくても、上級生に見られているようで廊下に出る勇気がありませんでした。トイレに行っていいものかどうかもわかりませんでした。だから、「八時半に先生が来る」ことを知ってすごく安心しました。
> 三五人全員が集まった八時二〇分頃、誰ともなく、「そろそろ座って先生を待とう！」と声をかけ合いました。先生が来るまで、教室はシーンとして重苦しい雰囲気でした。
> だから、先生が教師に入ってきた瞬間、教室が明るくなり、みんなの緊張感が一気に解けました。

## 二　出席番号一番をほめる

出席確認をかねて、出席番号順に名前を呼んだ（以下、生徒名は仮名）。

> 入学式は、入場も新入生呼名もA組から始まります。A組がきちんとできればB組とC組はそれを見習いま

す。A組が入学式成功のカギを握っているのです。

その中でも、出席番号一番の赤川弘貴君の責任は重大です。弘貴君が大きな声で返事をすれば、C組最後の米川さんまで全員が大きな声で返事をするはずです。

何事も最初が肝心です。先生は弘貴君に期待していま す。弘貴君は、きっと大きな声で返事をするはずです。みなさんも、弘貴君に負けない大きな声で返事をしてください。


生徒理解が十分でないこの時期、ほめる対象を《出席番号一番の生徒》に絞り込む。

突然、私から指名された弘貴の目は真剣であった。

出席番号順に名前を読み上げた。元気な声が教室に響いた。この声を聞きながら、私は「楽しい一年間が過ごせそうだ」と実感した。私は「全員合格です」とほめた。生徒の顔にも笑顔があった。

「誰の返事が一番良かったですか?」と尋ねた。

「赤川君です!」という声が返ってきた。

弘貴は私の期待に応えたのである。

次のように話し、入学式の会場である体育館に向かった。


入学式は約一時間です。中学校生活のスタートにふさわしい姿を見せてください。先生が皆さんにする初めてのお願いです。では、廊下に並んでください。


入学式が終わり、三〇分間の学活が始まった。

教室の後ろには、保護者の方々が立っていた。我が子の新しい生活に対する期待が強く伝わってきた。

私は静かに語り始めた。


今日の入学式は一〇〇点満点でした。

花田進君は真剣な目でステージを見つめていました。南聡美さんは校長先生のお話を頷きながら聞いていました。みなさんの素晴らしい姿を見て、とても幸せでした。

先生は三月に別れた卒業生に「この学級よりもっと素晴らしい学級を作ることが恩返しです」と約束しました。みなさんとなら、この約束が果たせそうな気がします。

これも、最初に入場し、大きな声で返事をした赤川弘貴君のおかげです。立派に責任を果たした弘貴君に拍手をお願いします。


教室に響き渡る大きな拍手の中、弘貴は顔を赤くしていた。

ほめる対象を「出席番号一番の生徒」に絞り込むことで、こうしたドラマが生まれたのである。

## 三　ほめることで学級の秩序を形成する

『黄金の三日間』は、次のことに徹する。

布石を打つ↓できたことをほめる↓ほめたことを学級のルールにする↓ルールが守れたことをほめる↓ルールが学級に定着する

例えば、座席の隙間である。

勤務校では、男女が机をくっつけて座ることになっている。学級に力があれば、男女の机に隙間が生じることはない。お互いを認め合っているからである。

四月は教師が手を加えなければ、こうしたところから学級が崩壊していく。私は二日目に布石を打つ。

昨日、みなさんが帰った後、教室を点検しました。

放課後の教室に、その学級の力が表れます。全員の机と椅子が整然と並んでいました。一〇〇点満点でした。初日からできるのですから、この状態を三月まで続けましょう。

お互いの机と机の境目を見てください。

ピッタリくっついている組はパーフェクトです。

机と机の隙間は、お互いの信頼関係を表します。離れれば離れるほど、疎遠になっていきます。

そんな学級にしたいですか？

一cm隙間が空くと、次の日は二cmに広がります。そして、次の日は三cmになります。同様に、一組の机に隙間が空くと、次の日は二組に、その次の日は三組に増えます。

明るく、楽しい学級をつくるには、ここに隙間をつくらないことです。約束できますか？

『黄金の三日間』は、どんな生徒も素直である。だから、教師の呼びかけに素直にうなずく。学級のルールを確立する絶好のチャンスとなる。

この日、帰りの学活で机と机の間に隙間がないことを確認する。そして、「こういった状態が、学級にとって最高の姿です」とほめる。

放課後、再度確認する。乱れている場合は教師が黙って整頓する。叱る必要はない。翌朝の学活で、「今朝も、机は最高の状態ですね。気持ちがいいです」と大いにほめる。

これを、一週間続ける。生徒の意識の中に、「机と机の間に隙間をあけてはいけない」というルールがインプットされる。つまり、学級のルールとして確立されるのである。

秩序ある学級から明るさが生まれる。

その秩序は、こうした《ほめ続けること》から生まれるのである。

〈北海道別海町立中西別中学校　**染谷幸二**〉

# 一㎜の成長を見逃さない

## 一　私の失敗！　史上最悪の学級開き

赴任してすぐに一年生を担任した。翌年、クラス替え有りの持ち上がりで勤務校で初めての在校生の学級開き。連絡が変更になったり、私の理解不足から、生徒の動きが読みきれなかった。

ＴＯＳＳデーもある、自分の記録のためにも学級開きをビデオにとりたかった。

まず、旧学年が新学年の旧クラス番号に入ると聞いていた（去年一年一組だった人は二年一組へ）。そこで、いくつかの書類を受け取って、旧クラスで並び、始業式、クラス発表、そして新教室へ移動と理解していた。

「何で新しいクラスでスタートしないんだろう。何か嫌だな」と思ったが、勤務歴も浅く、「新クラスでスタートさせてほしい」とは言えなかった。

私は、二年二組の担任だったので、二年二組の教室にビデオを設置した。

当日の朝、旧クラスに入ることがわかった。ということは、二年二組には、新三年生が入ることになる。知らない学年の子どもたちが、私が整備した教室に先に入ることになる。該当学年なら、ビデオが設置されようが、「いつものことだ」と流すことができる。しかし、相手は知らない子、「もし、ビデオを触ったりして壊しでもしたら子どもが叱られる」と思い、急遽撤去した。黒板に書いたメッセージも消した。そして、黒板の溝をもう一度、雑巾で拭いた。

昨年度のクラスの生徒は、お行儀よく、教室に着席していた。「新しいクラスでもがんばるんだよ」と昨年度一緒に整備した教室の机を最後にピシッと並べ、椅子を机の中に入れて、教室を明け渡した。

そして我が新二年生は、旧学年の旧クラスで並び、始業式が開始された。

その風景を見て愕然とした。

今年担任する子で誰がよく話が聞けているかな、姿勢がいいのは誰かなと思っても誰がどこにいるのかぜんぜんわかりゃしない。

そのあと、学年ごとに集合し、クラス発表をした。

クラス発表だから、大歓声とともに大騒ぎ。

当たり前である。

それを教師が「うるさい」「いつまでキャーキャーやって

るんだ」と怒る怒る。

時間調整もあって新学年のスタートは、三〇分ぐらい怒られ怒られのスタートとなってしまった。

いよいよ新しい教室に向かおうとしたそのときである。「教室の前で背の順に並び、自分の机を決定し、自分で机を動かして、教室に出席番号順に並びなさい」と指示が入ってしまった。

新しいクラスで背の順に並んだことはない。それを全クラスいっせいに教室の廊下という狭い場所でやろうというのだ。子どもの混乱は目に見えている。しかし、修正の指示はこのとき、できなかった。

案の定、教室前の廊下は、「背の順にも並ばれへんのか」「さっさとしろ」という教師の怒鳴り声と狭い場所で動けない子どもの混乱した動きで、ごった返した。

とにかく廊下に背の順に並ばせた。

新しい教室にやってきた子どもたちを待っていたのは、がたがたの机と使いっぱなしの椅子、汚れた黒板であった。

前日に私がきれいに整備した。しかし、旧の学年が入って使用したため、ぐちゃぐちゃだった。

背の順に机といすを配分した。その後、出席番号順の位置に机と椅子を動かし、ようやく着席した。

新学年を迎えさせようという気持ちとは裏腹に、がたがたという聞いているだけで落ち着かない音が、教室中響きわたった。

黒板に何かの確認事項を書いたのだろう。あわてて消したため、教壇教卓ともに、粉だらけで、何とも汚らしい。

予期せぬ出来事に呆然となった。

できるだけ子どもを落ち着かせなきゃとの思いとは裏腹に、保健調査票や氏名印などを回収する作業と続き、呼名して返事をさせることもできなかった。

なんとか、四月独特の緊張の空気を作りたいと思ったが、あせるばかりでせっかく一生懸命考えた学級開きの語りも中途半端になった。

おまけに次の日から、二日間実力テストとなり、学活は始業式から三日目の三時間目にようやく入る始末。子どもたちにとっては、テストの手ごたえは、決してよいとは言えなかった。

新学期早々、「今年こそがんばろう」と思っていた気持ちは、あっという間に消滅してしまった。

三日目、自分のテストの出来栄えに落ち込む子どもたちに「一緒にがんばろうね」という私の言葉はどう受け止められたのだろうか。私には、「よし！　やるぞ」という子どもたちの高揚した気持ちの手ごたえは感じられなかった。

## 二　自分のシナリオにこだわりすぎた

「黄金の三日間」で学級を組織する大切さを知っているこ

とはとても大事だ。知ると知らぬでは、大違いだ。

しかし、自分のシナリオどおり進めることが黄金の三日間にすべきことではない。

「ここできっとこんな動きをするだろう。だからこう褒めよう」と褒め言葉まで決めて、何度も練習する。大事なことだ。

「これだけは話しておこう。この話でこんなクラスルールを作る」と考えること、それも大事だ。

その考え抜いたシナリオ通り進まなかったために私がパニックになったのだ。誰よりも落ち着きがなく、笑顔がなく、判断を間違えたのは、私だった。

自分のシナリオの進行にこだわりすぎたため、何のためのシナリオかという大切なことが欠落していたのである。

「黄金の三日間なのに」「この間にしなければならないのに」「あとではだめなのに」と形式にこだわったのだ。

## 三　こだわるべきはシナリオではなく教室の事実

こだわるべきものは、向山洋一先生の言葉にいつもある

> 「子どもの事実」「教室の事実」だった。

クラス発表のときに「口を閉じなさい。元通り並びなさい」と言われたら、さっともとの場所に戻った子どもたち。

狭い廊下で、文句ひとつ言わず、背の順に並び替えをした子どもたち。

私の指示通り、手に持った書類をスムーズに回収した子どもたち。

「連絡が書けた人から、持ってきてごらんなさい」という指示にとても丁寧に連絡を書いて持ってきた子どもたち。

ルールの徹底も大事だ。しかし、もっと大事なのは、

> 教師の指示に従い、一生懸命に一つずつやろうとしている子どもたちを愛しいと感じられること

である。

私は、この最も見るべきところが見えていなかった。

主人公をおき忘れているのだから手ごたえがないのも当然だ。

## 四　できないことをできるようにするのが教師の仕事

新学期最初、家庭環境調査表、健康診断表、緊急連絡先、これらいくつかの提出物がある。

「はい」と受け取り、「ほとんどの人は提出できましたね」なんて、自分では褒めたつもりでいう。

そして「一つ褒めたぞ」なんて悦に入るのだ。

こんなとんでもないトンチンカンなことを私はやった。

こんなこと何百回やっても、子どもの動きは改善しない。

教師の仕事は

子どもたちが、できる上にもできるように支え続けることである。


新学期によく書類の回収をする。いったん保護者に確認いただき、持って来るものもある。

提出期限の二日前に声をかけるのがコツである。

「持って来た人」と挙手をさせる。

「そのまま挙げた手を頭の上におきます。前後に動かす。賢い賢い」と手の動きに合わせて声をかける。中学三年生でも嬉しそうにする。

「おうちにある人立ってごらんなさい」。

ちょっとだけ、ばつが悪そうに立つ。

「正直でよろしい。これは明日までに持ってくるのでしたね。あと一日余裕があったね。よかったね。まだ、忘れ物をしているわけではないよ。明日は忘れないで期限までに持ってくるぞという人は座りなさい」。

ほとんどの場合、座る。

「ちゃんと提出期限が意識できたね」と声をかける。

このような手立てで、子どもに期限を意識させ、「忘れないようにしなくっちゃ」と自覚を促す。期限までに持ってきたら、また褒めることができる。

ここまでやると、忘れた子は自己申告をする。自己申告をしない場合、「忘れたことは、先生に報告するのです」と自己申告を促す。

「忘れたことを正直に言ったね。その報告が大事なんだ」

望ましい行為を認め、褒める。

忘れ物一つを取っても、忘れたことを補う正しい方法を教える。

そしてその方法で対処した誠実さを認める。

日常生活のあらゆる場面で、やり方を教え、誠実にやり遂げたことを認め続けられたとき、子どもたちは、少しずつ自信をつける。そして責任を負うことから逃げなくなる。

「社会生活に必要な型を身につけるための素地をつくる」ために欠かせないのが「黄金の三日間」である。

「黄金の三日間」は、教師の言うことを素直に聞き入れる貴重な時間である。このときにできるだけ多くの正しい行為を認め、そして、それを褒める。クラスは変わる。


〈兵庫県加古川市立平岡南中学校　**向井ひとみ**〉

# 第Ⅲ章 明るさ倍増！ 学級行事の盛り上げ方

## 教師はクラスの雰囲気づくり　教師が盛り上がり、学級レクを楽しく！

私が中学の時、楽しい時間と言えばクラス対抗の球技大会であった。

学期末に一回ずつ、年に三回あった。

サッカーの時もあれば、バレーあり、ソフトボールあり…と学級対抗で盛り上がった。

のちに試合中に選手同士がケンカになり、教師が職員室から出てきて試合が中止になったこともあった。

すべてが経験である。

三年前、中学三年生を担当したとき、学級レクを行った。数多く行ったが、その中で、生徒の中から、「けいどろ」をしようという企画が持ち上がった。

刑事と泥棒に分かれてする「追いかけっこ」である。

中学三年生にして、こんな遊びするのか…と思ったら、みんなでやろう…ということになった。

中学三年生である。

ボールを追いかけまわすならまだしも、追いかけっこである。

普通であれば、「面倒くさい」「やってられない」と言って敬遠する生徒が出てくるところである。

女子に至っては、本気になって走るのが億劫になるのが普通であろう。

しかし、生徒は、「けいどろ」を選び、みんなでやろうということになった。

さて、結果はどうだったかというと、中学三年生にして、かわいく「けいどろ」を行っていた。

男子も女子も校庭をきゃーきゃーいいながら、走り回っていた。

当然、教師である私も仲間に入ってやった。

正直疲れた。

久しぶりに走った。

校舎内で勉強している教室を少しは気にしながら、声を張りあげながら楽しくレクを行った。

次の年、学校を異動した。

中学一年生を受け持った。

レク係を募った。

誰でもレクをやりたいと思った人が計画をたて、クラスのみんなに提案し、レクを行った。

学級レクは、クラスを楽しくさせてくれるものだと体験していたからである。

一年が過ぎ、一年を振り返っての感想を書かせたら、ほとんどの生徒が学級レクをとりあげていた。


（前略）

次に、学級レクです。一Aは、たくさんレクをやりました。

バレーや木陣取り、かくれんぼなどをやりました。最近やった、木陣取りやかくれんぼは、みんなで楽しめたと思います。

一Aは、みんなで協力し、とても温かいクラスだったと思います。私は毎日学校に行くのが楽しみでした。そんな明るく楽しいクラスで一年間過ごせてよかったです。

このクラスで本当によかったです。

中一　女子

初めてこのクラスに来たときは、みんなと仲良くなれるかな…とかいろいろなことを思っていたけど、今では、小学校の時、あまり仲のよくない友だちと仲良くなれたので良かったです。私のこのクラスでの思い出は、みんなとレクをしたことです。木陣取りや体育館でやったかくれんぼやけいどろなどのレクがとてもこころに残っています。

中一　女子

僕は、一Aになってよかったと思います。体育祭での練習はとても一生懸命取り組めました。文化祭は全員で声を出して、練習をしてきました。みんなでがんばって声を出せたと思います。丸山先生が来ても、みんなでいっしょに仲良くして、いい丸山先生を送る会ができたと思います。レクでの遊びはクラスみんなで遊べてよかったと思います。

みんなで走り、わらい、そして、遊びながら、男女、仲間の輪を深められたと思います。

クラスでの輪も、先生との輪もいっしょに深められたと思います。一A最初の先生の言葉、「友だちは、お金ではかえられないのだよ」というので、やっと気づけたと思います。これからも友と一緒にいたいと思います。

一年間、先生ありがとうございました。

一Aの友だち、二年生になっても、仲良くしよう！

中一　男子

丸山先生とは、教育実習生である。若く、熱心な先生で、こんな人が、先生になるといいな…と思うような立派な好青年だった。

みんなでお別れ会レクを体育館でやり、ミニ野球をやった。女子も男子も、仲良く取り組めたレクであった。

彼が言うように、今の時代、クラスみんなで遊ぶ…ということが、学級レク以外にないのかもしれない。

また、こんな感想を書いた生徒もいた。

中学校生活に慣れはじめたころ、一Aにいじめがおきました。一Aの一大事でした。しかし、クラスでレクをしたことで、一Aが深まり、いつのまにか、いじめはなくなっていました。
中一　女子

最後の生徒の感想には、「いじめがおき、一Aの一大事であった」「しかしクラスでレクをすることにより、いつのまにかいじめはなくなった」と結んでいる。

私は、まさしくその通り…だと思う。

学級経営における学級レクの意味は、一つはこんなところにあるのかもしれない。

楽しい所にはいじめは起きない。

何かしらつまらない、不完全燃焼の状態に、イライラがつのり、友だちをいじめたり、嫌なことを言ったりしたりする。だったら、一人ひとりにとって、学校が、学級が楽しければいじめは起きない。

私は、そう信じたい。

かつて向山先生がおっしゃった言葉が今でも印象に残っている。

それは、

「いじめをなくすためには、クラスで楽しいことをやればいい。」

（文責　瀧沢）


という言葉である。

クラスで楽しいことをする。

楽しいことをしていくうちに、いじめはなくなる。

子どもたちもそう思っているのである。

「楽しく」「明るい」「めっちゃ明るい」といったそういう学級風土を創っていく根底には、クラスからいじめをなくしていったり、一人ひとりが楽しく、安心して学習することができたり、一人ひとりの伸びる力が最大限にのばせきれる環境を創るということを視野に入れてのことであろう。

もちろん、いじめが起きたときは、いじめの指導は別におこなうのは当然のことである。

さて、そんな一年生が二年生に進級するとき、私は持ち上がることができず、一つとんで、三年生の担任となった。

当然、一Ａでの最後の日、「今年の一年のことはすべて忘れ、新しいクラスで新しいスタートをきってください。前のクラスはこうだった…等とは決して言わないようにしてくださいね。」と言ったにもかかわらず、前のクラスにいつまでも愁思しているのは、私であった。

そんな明るく楽しい学級レクのメニューを最後に少し紹介して、本稿を閉じよう。

○フルーツバスケット

超・有名な室内ゲーム。次の「震源地を探せ」の前に、クラスの雰囲気作りで行うといいだろう。「今朝、納豆を食べてきた人」「自転車通学の人？」「バスケ部の人？」などと言い、該当する生徒が席を移動し、座れなかった人が鬼になって、次の指令を出す。

○震源地はどこだ

円になって生徒はイスに座る。一人が鬼になって廊下に出る。生徒のうちの一人が「震源地」になり、何か動作をする。すると、他の生徒みんなもマネをしなくてはいけない。「震源地」が手をたたいたら、みんなも手をたたく。

その後、先ほど廊下に出た鬼が教室に入り、誰が震源地か当てるゲームである。

○早く名前を言えゲーム

円になる。新聞紙でバットを作る。鬼は円の中心でバットを持つ。そして、座っている生徒は誰か一人の名前を言う。そしたら鬼はその名前が呼ばれた生徒のほうに向かっていき、バットでたたきにいく。名前を呼ばれた生徒はたたかれる前に他の生徒の名前を言わなくてはいけない。たたかれたら、その人が鬼となる。学級開き直後に行うとよい。盛り上げるには、一回名前を呼ばれた生徒はもう呼べないというルールを作るとよい。

○「三角ベース」

ソフトテニスのボールを使い、男子はプラスチックのバット、女子はソフトテニスのラケットでうち、ピッチャーは下から投げる。二アウト交代。フォアボールを三回やったらアウト。

〈埼玉県小鹿野町立小鹿野中学校　**瀧沢広人**〉

## 《やりたい者が、やりたいときに、やりたいことをやる係活動》が学級イベントを盛り上げる

### 一　楽しくなければ中学生は動かない

楽しい活動であれば、生徒は黙っていても動き出す。学級イベントも同じである。

従来の学校教育は、担当者を決めてから活動を始めた。だから、「本当はやりたくなかった」「人の前に立って活動するのは損だ」という意識が生徒の中に生まれてしまう。

私は、逆の発想で学級の活動を組織している。

> やりたい者が、やりたいときに、やりたいことを企画して実行する。

楽しければ、その企画に参加して活動の先頭に立とうとする。だから、教師の手を借りなくてもダイナミックな活動に発展する。中学生を動かすのは、《楽しさ》にある。《楽しさ》のない学級イベントはやらない方がいい。

以下、染谷学級の焼肉パーティーが開かれるまでを報告する。

### 二　生徒の熱意が学級イベントを支える

「楽しい時間を過ごしましょう！」

乾杯で、焼肉パーティーが始まった。中学校最後の文化祭での活躍が、この日のイベントになった。二年生の文化祭では「入賞ゼロ」であった。その悔しさをバネに、生徒は準備段階から燃えていた。最後の文化祭は校内最高の結果であった。

合唱コンクール　銅賞
教室展示　金賞
壁新聞コンクール　金賞

焼肉パーティーの企画書を学級委員長の和也が持ってきた。私が知らないうちに企画書ができあがっていた。学級役員四人で、放課後にまとめたという。二年生から行ってきた学年・学級レクの経験が生きていた。

企画書を手にした和也は私に熱く語った。

> みんなで話し合って決めました。中学校生活最高の思い出として、やらせてください。みんなが楽しみにしています。お願いします。

私はすぐに校長に許可を取った。

会費は一人五〇〇円を徴収し、不足分は学級費を当てることにした。場所は、屋根のあるコミュニティーセンターを借りることにした。

「当日までの準備は、すべて僕たちがやります」という和也の言葉に期待した。

学級のイベントは、終わったあとの達成感が重要である。教師が手をさしのべたイベントでは感動が薄い。

大きなイベントは必要ない。豪華なイベントも必要がない。大切なことは、生徒の「みんなで楽しいことをしたい！」という熱意である。だから、学級の実力にあったイベントを企画・運営させればいいのである。

学級役員を中心に準備が進められた。

買物係、ゲーム係、準備係、借物係が作られた。係といっても、学級役員四人が、それぞれの係を引き受けただけである。

しかし、係の活動が始まると「私も協力します」「大変そうだから手伝うよ」という生徒が出てくる。一人から始まった活動が、翌日には二人、その翌日には三人と増えていくのである。

私はこれを、次のように呼んでいる。

> 係活動
> やりたい者が、やりたいときに、やりたいことをやる

係活動に、強制力はない。参加するもしないも、生徒の自由意思に任せている。

楽しければ、どんどん仲間が増えていく。逆に、活動が停滞していれば協力するメンバーも減ってくる。そういう係は、必要性がないのだから自然消滅していく。私は、それでいいと思っている。

こうした同好会的な気軽さが、学級イベントを根底から盛り上げていくのである。

## 三　やりたい者が、やりたいときに、やりたいことをやる係活動

部活動が終わった三年生には、放課後の時間がたっぷりある。係活動が始まった教室には、今まで消えていた活気がよみがえってきた。

スーパーを回って予算を立てる貴子。「ジュースはＡコープが一〇円安かった」と独り言を言いながら電卓を叩いていた。

「コミュニティーセンターは広いから、みんなでミニバレ

ーをやろう」と提案する弘司。「ビンゴゲームは欠かせない」と切り出す祐二。「ゲームには商品がないと盛り上がらない」と喜ぶ翔太。

話の輪を尻目に黙々としおりをつくる桂子。桂子の「イラスト集を借りてきて！」という要求に、元気よく図書館に向かった香澄と美和子。仲良し三人組だけあって、連携がバッチリであった。

教室での活動を見守る私の横で、学級役員である貴子が次のように言った。

部活動が終わってからずっと暇でした。やることがないと学校に来る楽しみがありません。焼肉パーティーのおかげで、私だけではなく、学級のみんなが元気になりました。

最初は四人だった係のメンバーも、今では一三人に増えました。

私が行った仕事は、次の四つであった。

① 校長の許可を取った。
② 保護者宛の文書を作成した。
③ 買物した荷物を学校に運んだ
④ 会場の使用許可願を役場に提出した

パーティー前日、雨が降ったので買物のために二度車を出した。

最初は貴子、桂子、香澄とスーパーへ行った。お菓子やジュース、焼肉の材料を買った。予算を気にしながらも、実に楽しそうであった。

次は、和也、弘司、祐二、翔太と駄菓子屋へ行った。ゲームの景品と参加賞のおやつを買った。パーティーでは、四人が大活躍した。

車の中で様々な話題が出た。好きな人の話、将来の夢、家族の話題、進路の悩みなど。普段の教室とは違った雰囲気の中で、生徒は素直な心を見せてくれた。生徒との距離が更に縮まったように思えた。

## 四　最高の笑顔が見られた焼肉パーティー

前日の雨が嘘のように青空が広がった。開始一時間前に会場に行ったが、すでに美佳が駐車場で待っていた。美佳は目立たない性格であった。係活動にも参加した様子はなかった。「私ができることは準備ぐらいだから…」と言いながら、車のトランクから荷物を運んでくれた。

一一時ちょうど、和宏の合図で焼肉の準備が始まった。ドラム缶のコンロ・テーブル・長いすを並べ始めた。男女が協力して作業する姿は、見ていてもほほえましく思えた。

テーブルの上には前日買ったお菓子やジュース、各家庭からいただいた果物やトウモロコシが並んだ。

火起こしが始まった。炭二〇キロは功一の家からいただいた。昨年の学年キャンプでも火起こしに苦労していたので、心配していた。大樹が『キャンプハンドブック』を持参していたので、それを見ての作業となった。炭を細かく砕き、男女が交互にうちわで風を送った。実にほほえましい光景であった。

九キロの肉を用意した。育ち盛りということで、鉄板の上で焼かれた肉は瞬く間に消えてしまった。


食事が一段落した後はゲーム大会。

まずは、ビンゴゲーム。たくさんの景品が並べられ、カードが配付された。数字を和宏が読み上げるたびに、大きな歓声が響いた。その後は、全員でかくれんぼと缶けりで汗を流した。無邪気に遊ぶ生徒を見ることができた。

消火作業は祐二を中心に行われた。準備に一時間かかったのに、後片づけは一〇分で終わった。貴子、桂子、香澄は最後まで床に落ちたゴミを拾っていた。「使う前よりきれいになったね」という貴子の顔には、パーティーをやり終えたという充実感がみなぎっていた。


午後二時になり、閉会式となった。クラスを代表して美佳が感想を述べた

時間を忘れて楽しむことができました。係の人を中心に頑張っていました。私は今日しか、お手伝いできなかったけど、みんなの力で楽しい時間を過ごすことができました。

高校入試が終わったら、またやりましょう。そのときは、私も準備段階から協力します。


クラスに存在感があって、生徒は動き出す。教師の仕事は、生徒が動き出したくなるような楽しい活動を自然な流れの中で作り出すことだと思う。

焼肉パーティーでは、一人ひとりの生徒が動きを作った。教師が強制しなくても、それが《楽しい活動》であれば、生徒が自ら活動に加わるのである。


〈北海道別海町立中西別中学校　**染谷幸二**〉

注　登場する生徒名は、すべて仮名です。

# 第Ⅳ章　タイム別めっちゃ明るい学級を作るポイント

## 【登校時（1）】教師から挨拶をする

自家用車で通勤している。学校に近づくと登校中の生徒とすれ違う。学級の生徒は私の車を知っているので、目が合うことが多い。目が合ったときには、車の中から「おはよう」と手を振る。初めのころは、いきなり車の中から手を振られるものだから、生徒はびっくりしたような顔をする。ほとんどの生徒は笑顔で手を振り返してくるか、会釈をしてくれる。学校に着いて改めてその生徒と挨拶をする。「先生、手を振ってたでしょ！」と、朝から明るいコミュニケーションをとることができる。

学校の駐車場に車を止める。校門を抜けて玄関に向かう生徒の姿が見える。

駐車場から職員玄関まで、五〇メートルほどの距離がある。TOSSで学ぶようになってから、この五〇メートルを歩く間に、「絶対」と言ってよいほど心がけていることがある。

それは、

教師からあいさつをする

ということである。

「うちの生徒は挨拶ができない」と嘆く教師もいるが、私はそう感じることはほとんどない。「教師から挨拶」をすることを心がけているからである。「挨拶ができない」と嘆く教師は、「教師から挨拶」をしていない場合が多い。「教師から挨拶」をすれば、ほとんどの生徒は挨拶を返してくれる。朝から気分を害することはない。「教師から挨拶」を実践している者としての実感である。

車を降りる。駐車場のそばを歩いている生徒に「おはようございます」と声をかける。玄関に向かって歩きながら、近づいた生徒に「おはようございます」と声をかける。

もちろん笑顔で挨拶をする。朝、どんなに気分がすぐれなくても笑顔である。

生徒の顔を見ながら笑顔で挨拶をする。声をかけながら会釈もする。生徒が二人組で歩いていたら、二人に目線を合わせて挨拶をする。あるいは、一人一人に挨拶をする。ほとんどの生徒は私の顔を見て「おはようございます」と挨拶を返してくれる。

挨拶だけして、私の顔を見ないで行ってしまう生徒もいる。「そんな挨拶があるか！」と思わないでもないが、それはそれでよしとする。その場で指導はしない。指導よりも「教師から挨拶」を続けることである。続けていれば、顔を見ないで行ってしまった生徒も、いつかは私の顔を見て挨拶をするようになる。

中には、挨拶ができない生徒もいる。「教師から挨拶」をしても、挨拶を返してくれない生徒もいるのも事実である。顔を見て「君に挨拶しているんだよ」という風に挨拶をしても、返してくれない。目が合っているのに挨拶をしない生徒もいるし、目を合わせないように目の前を通り過ぎてしまう生徒もいる。

そんなときはどうするか。

「気にしない」のが一番である。挨拶がなかったからといって、その場で指導をしたりしない。挨拶が返ってこなくても、「気にしない」のである。何か考え事をしていて聞こえなかったのかもしれないし、あるいは、教師に声をかけられないくらい内気な生徒なのかもしれない。そういう生徒もいる。教師との人間関係がうまくいっていない場合もある。

どの生徒にも「教師から挨拶」をするというのは、簡単そうで、意外と気持ちに負荷がかかるものである。「挨拶しても返ってこなかったら、教師としてなんとなく惨めだな」と思う気持ちが起こってくる。「教師から挨拶」の最大の壁である。

しかし、挨拶が返ってこなくても「気にしない」のである。指導しようとも思わない。その日、挨拶を返してくれなかったことを気にしないで、次の日も、その次の日も、その生徒に対して「教師から挨拶」を続けるのである。

人と面と向かって立つと、固まってしまいほとんど何も言えなくなってしまう生徒を受け持ったことがある。超内気な生徒。朝、挨拶をしても、目を合わせないようにすごすごと早足でいってしまう生徒だった。

「あの生徒に挨拶しても、どうせ返ってこない」という気持ちを抑えて、毎日、「教師から挨拶」を続けた。

ある日、その生徒が、小さな声で「おはようございます」と返してくれた。私は、正直びっくりした。たった一言、小さな声であったが、確かに挨拶が聞こえた。私は腹の底の方から気分がよくなるのを感じた。その日以降、また、挨拶をしてくれない日が続いたが、挨拶を返してくれる日もあった。かたくなに挨拶を返してくれなかった生徒が、時々ではあるが挨拶をしてくれるようになった。ほんの小さなことだが、私には、大きな進歩であるように思えた。

〈北海道中標津町立中標津中学校　**山辺慎太郎**〉

## 【登校時（2）】車の中で、教師修業を！

朝の通勤時間は、貴重な時間である。列車やバス、その他交通機関で通う人も多いと思う。また、自家用車の中で過ごす方も多いと思う。

そこでできる教師修業が、たくさんある。

自家用車の中でできることを述べてみる。

### 一　発声練習

例えば、

- あいうえお体操（「アエイウエオアオ」といって声を出す。それをワ行までする）
- 早口言葉（生麦生米生卵、東京特許許可局など）

を車の中で練習する。

朝、何回というように回数を決めて行うとよい。

明確な指示・発問をする上で、はっきり声を出すことは、最も大切である。

続けると、明るく元気な第一声がでるようになる。

### 二　セリフ練習

例えば、

授業の第一発問。第一指示。

授業の始まりで鷲づかみにするために、もっとも大切な部分である。そこを車の中で何度も練習する。また、

朝の会の語り。

朝の会は、生徒も比較的集中している。そこで、印象に残るような語りをしたいものである。

車の中は、格好の練習場所である。声の抑揚やさわやかさを意識し、笑顔で語りたい。

### 三　笑顔の練習

学校に着いたら、まず笑顔で生徒を迎えたい。

信号に止まったら、

バックミラーで笑顔の練習をする。

笑顔を作ると自然と元気が出るものである。

倉敷市立短期大学教授の平山諭氏は、笑顔を作ることで快楽の神経伝達物質であるドーパミンが出てくる、といっている。

元気がないほど、笑顔が作りにくいものである。自然な笑顔を心がけたい。

## 四　教材研究

授業の組み立てが不十分なとき、頭の中で授業を組み立てるときがあると思う。信号に止まったとき、

> ・その案をノートに書き留める
> ・ボイスレコーダーに録音する

忘れぬための知恵である。

学校に着いたら、なかなか教材研究ができない。車の中が準備の場となる。

## 五　テープを聞く

例えば、

> 向山洋一氏の授業テープを何度も聞く。

授業のリズムやテンポ、間の取り方などを知るうえで大切な修業である。

漫才師の大介・花子は、やす・きよの漫才テープを何十万回も聞いたそうである。重要な教師修業の方法である。

もう一つテープを使っての修業の方法がある。

> 自分の授業を録音したテープを聞く。

声の張りや抑揚、発問の明確さなど、テープを通して自分を振り返ることできる。お勧めである。

## 六　ほめ言葉の練習

『勉強ができない子の指導法』（明治図書）で、川神正輝氏が書いている「ほめ言葉二〇〇」。それをコピーし、ラミネート加工して、車の中においている。

信号に止まったら、それを読む。何度も繰り返すと、そのうち子供にも声をかけられるようになる。

> 「自分の頭の中にほめ言葉がたくさん詰まっていなければ、とっさにほめ言葉は出てこない」

川神氏は述べている。

何度も繰り返すことが大切である。

以上、自家用車の中でできることを挙げてみた。

しかし、最も気をつけることは、交通安全である。事故のないように、できる範囲で行いたい。

また、気分転換にリラックスした音楽を聞いて、リフレッシュして学校にいくことも大切である。

〈岡山県倉敷市立玉島西中学校　**山本芳幸**〉

## 【始業前（1）】学力下位の生徒に配慮する

勤務校では朝の短学活の前に一〇分間の「朝学習」の時間がある。

「朝学習」のために、毎朝先生方は大変そうであった。自分で学習プリントをせっせと作り、印刷する。もしくは、手許にある副教材を印刷する。しかし、黙々と取り組むのは学力上位の生徒のみ。真面目だが下位の生徒はそのプリントに苦しみ、やんちゃ君やコギャルちゃん達はぼーっとしているか、おしゃべりする有様である。

そして、先生方はそんな生徒達を叱る。

「〇〇君、ちゃんとやりなさい！」

「〇〇さん、おしゃべりをやめなさい！」

そう言って通じる生徒なら苦労はない。当然、クラスにはどよんとした空気が流れる。その状態で朝の学活に入る。

「朝学習」を担当することになった。英単語と漢字をやってほしいと言われた。担当教科外の英単語を朝学習でどうやるか考えた。そして、次のようにやることにした。

「Ｇｏｏｄ　ｍｏｒｎｉｎｇ！」まずは笑顔で教室に入ることにした。すると、生徒達は笑って「Ｇｏｏｄ　ｍｏｒｎｉｎｇ！」と返事をしてくれた。英語で入るだけで教室は明るくなった。

次にいきなり『フラッシュカード二』［東京教育技術研究所　FAX　〇三（五七〇二）二三八四］を始めることにした。「Ｒｅｐｅａｔ！」と言って、フラッシュカードを始めると、生徒達の大勢は私の後に発音するようになった。そんな周りにつられて、下位の子もやんちゃ君もコギャルちゃんも声を揃えて発音した。二回から一回、次はランダム、次は質問型で、といろいろなバリエーションで発音練習をさせる。フラッシュカードを見て、単語を発音する。これだけで生徒達は笑顔になる。勿論、「Ｇｏｏｄ！」「Ｎｉｃｅ！」と誉めていく。これにおよそ四分間。

次にその発音した単語の「なぞり書き・写し書き練習」プリントを配る。これは英語用のノートに私がその日に習う単語を一つずつだけ書いたプリントである。作るのに三〇秒とかからないプリントだ。これを三分間やる。これなら誰でもできる。しかも、次のような評定を設ける。単語練習が一九個以下ならＣ、二〇個以上でＢ、三〇個以上でＡ、四〇個以上でＡＡ、五〇個以上でＡＡＡとするのである。こうすると、どの生徒も俄然燃える（瀧沢広人氏の追試　ＴＯＳＳランドナンバー１１５０２０１）。

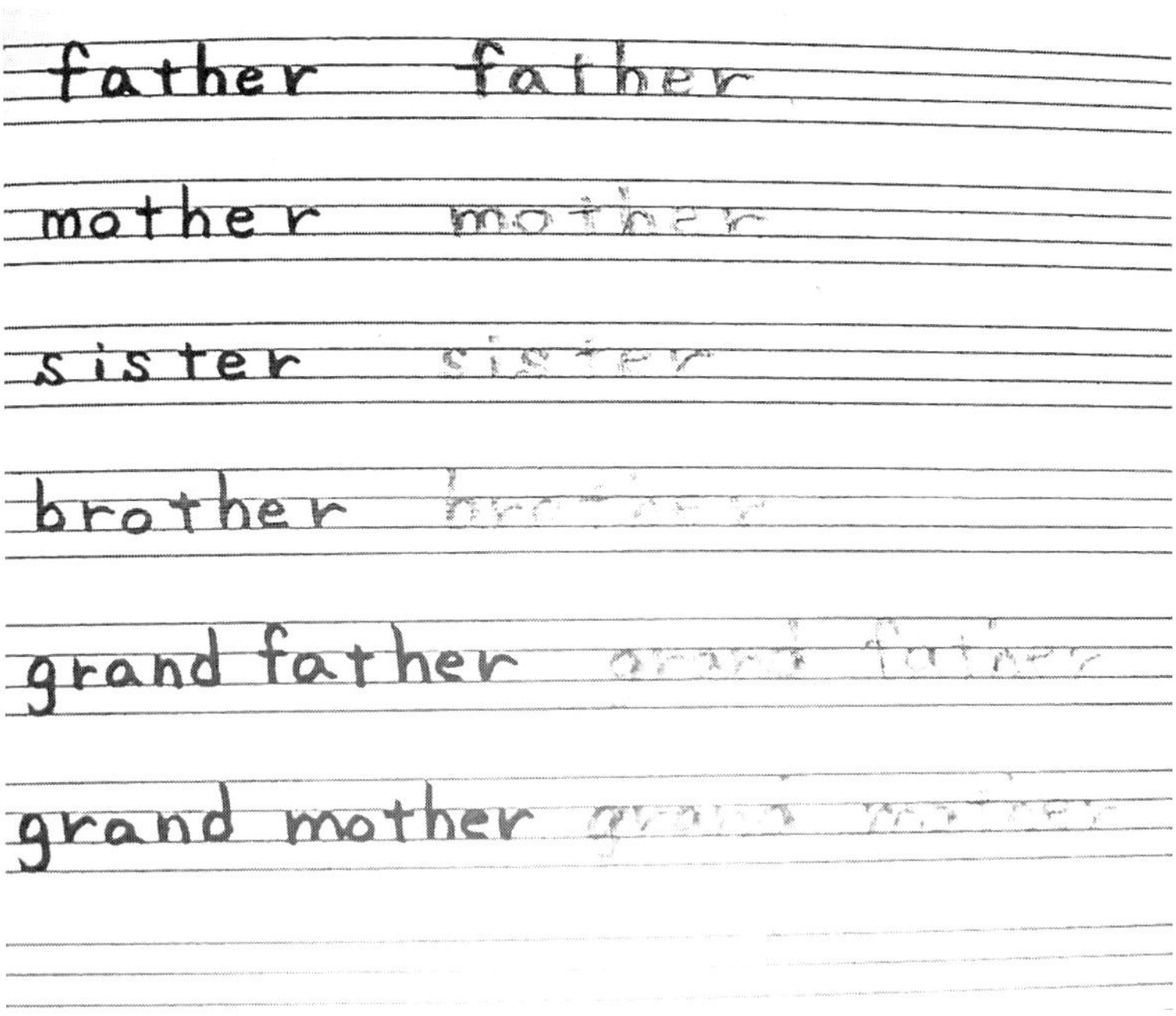


そして、最後は練習した数を数え、自分で数字と評定を入れ、後ろから回収させるのである。すると、下位の子も取り組め、上位の子も満足して取り組む姿が見られた。回収しながら「俺、今日ＡＡだった！」「お前は？」などというやりとりも見られた。しかも一〇分丁度に終わることができたので、朝学活も時間通りに始めることができた。

朝学習でプリント学習やワーク学習に取り組ませることが悪いとは思わない。けれど、そのプリントやワークが学力上位の生徒のためだけのものになっていないか、学力下位の生徒も取り組めるもの、やんちゃ君達もやる気が起きるものになっているか、ということを教師は吟味すべきである。

下位の生徒ややんちゃ君が取り組めないプリントを渡しておいて、彼らが取り組まないのを「なんで、取り組まないんだ！　ちゃんとやれ！」と叱っていては、めっちゃ明るい学級からは遠くなるばかりである。

学力上位の生徒も満足し、下位の子も取り組める学習で一日のスタートを明るく始める。

これがポイントである。

〈北海道羅臼町立羅臼中学校　**吉田沙智**〉

# 【始業前（2）】五色百人一首で、知的に楽しく一日を始める

五色百人一首は、授業以外でも、明るい学級づくりの強い味方となる。

始業前の一〇分で、朝から学級が盛り上がり、明るく一日をスタートできる（慣れてくると一試合、三分でできる。片づけを一分とすると、一〇分で三試合行うことができる）。

授業外なので、もちろん自主参加。

自主参加なので、生徒たちも気軽に参加できて楽しめる。

対戦形態も、色々とアレンジする。

個人戦、ペア戦、三人組、また、個人練習など、生徒の自主性に任せて選択させるとよい。

授業での対戦に備えた、練習時間の確保となる。

負けず嫌いの生徒たちの中には、個人練習を好む傾向もある。忙しくて、なかなか覚える時間をとれない生徒たちにとって、最高の練習時間となる。

始業前の百人一首は、全員参加でないので、場所（机）の確保などに少し注意する。

朝、着いてすぐの生徒は、もって来た荷物の整頓もあるため、すべての机は使えない。

前もって、百人一首をする時は、早く登校している生徒の机を使うなどを事前に生徒に伝えておくとよい。

そして、始業前の自主参加の百人一首であっても、

> 読み手は絶対に教師がやらなくてはならない。

子どもには状況を察知してコントロールしていく読みができない。

全体のリズムも低下していく。読んでいる子は夢中だが、試合にはならないのである。

教師だけが試合全体をコントロールし、演出していくことができるのである。

五色百人一首の原則は、いつ、どこで行っても同じである。

**始業前・五色百人一首の手順**

①教室に百人一首の箱を用意しておく
②黒板に開始時間を書いておく
③時間になったら、即はじめる
④みんなが楽しめるようにルールは徹底する
⑤終了時間が来たら、スパッとやめる

## 一　教室に、百人一首の箱を用意しておく

始業前に百人一首ができるときは、教師が教室に行く前に、百人一首の箱を教室に運んでおく。

教室においてあると、「今日は、朝から百人一首をやるよ」という合図になる。

また、早く来た生徒から、進んで練習もできる。

## 二　黒板に開始時間を書いておく

教師が教室へ行って、すぐに始められるようにするためである。

始まる時間が分かっていると、生徒も見通しを持って練習したり、準備したりできるのである。

## 三　時間になったら、即はじめる

時間を守ることを、教師自身が行動で示す。

はじめる時間を守ることが、終わりの時間も守ることへつながる。

遅い生徒を待つと、だらだらとなりがちである。

朝の貴重な時間を有効に使うためにも、遅い生徒を待たずに進める。

すぐに始まることが分かると、生徒の心構えも変わり、ついてくることができるのである。

## 四　みんなが楽しめるようにルールは徹底する

授業外であっても、ルールは徹底する。

・同時の時は、手が下の方が速い
・読んでいる時、手をぶらぶらさせない
・声を出した人への、お手つきルール
・間違えた札に触った時のお手つきルール

など、できていないときは毅然と短く注意する。

ルールが乱れると、せっかくの楽しい活動が、そうでなくなってしまう。

しかし、注意がきつすぎても、楽しさが半減する。

あくまでも、「明るく、楽しく」をモットーに進める。

## 五　終了時間が来たら、スパッとやめる

めっちゃ明るい学級をつくるのに、終わりがだらだらすると、楽しかった時間がお叱りの時間となってしまう。

せっかくの楽しい百人一首が台無しになる。

一日のスタートを気持ちよく切れるためにも、終了時間でスパッとやめる。

それをほめて朝学活へとつなげる。

〈滋賀県野洲市立北野小学校　**厚美佐**〉

## 【朝学活（１）】朝学活から一日が始まる

一日の始まりを気持ちよく迎えたい。

みんなの願いである。教師も子どもたちも同じ願いを持っている。この願いを叶えるために教師がすべき朝学活でのポイントは次のことである。

### 誰よりもはやく職員室を出る

私が職員室をでるのは同僚の中でもトップクラスである。だから、いつも時間通りに朝学活を始めることができる。

教室の中で朝の一〇分間読書が行われているときは、そっと扉を開けて「おはよう」と小声で教室に入る。

読書に夢中な子どもは、私が教室に来たことさえ気がつかないこともある。

そんな子どもたちといっしょに本を読むのが、私の至福の時間になっている。

時間になると、子どもたちは本を片づける。

そして日直が号令をかけて、朝のあいさつをしている。

しかし、中学生にもなると、朝から元気な声であいさつをする子どもは少なくなる。まして、小学校一年生のような元気なあいさつを朝から中学生に望むことが無理なのである。

叱ってあいさつをさせても、気持ちのこもったあいさつはできないからである。

それよりも子どもたちとのやりとりの中であいさつをするのである。そのほうがよっぽど自然なあいさつである。

ただ「いすを机の中に入れていない」という行為について勝負することはある。

なぜならこれらは礼儀であり、マナーだからだ。

しかし、これも「いすを机の中に入れなさい」とただいうだけである。

もちろん、靴のかかとを踏んでいる子どもを見つけても同じである。ただ「きちんと靴を履きなさい」と注意するのである。どちらもポイントは次のことである。

### 注意は短く

朝からお互いにいやな思いはしたくないものである。

　だから、誰もが気持ちよく一日を始められることをまずは優先させるため、朝からくどくどと注意することはしないのである。

　また、朝学活ではきちんと連絡事項を伝えるのが大切なことになる。そのときのポイントが次のことである。

**一日の流れを子どもたちにイメージさせる**

　まずは、子どもたちの係や生徒会から連絡事項を伝える。

「今日は評議会があります」

「明日は三角定規を持ってきてください」

といったように「要点だけを説明しなさい」と事前に指導しておく。そうしないといつまで経ってもダラダラと長い発表が続いてしまうからである。

　そして、教師が子どもたちに必要な連絡事項を述べる。

　今日の予定や伝えなければいけないことなどを一分半以内に伝える。

　もちろん、話すべき事は事前に整理しておく必要がある。朝学活で話すことなのか、それとも給食の時にでも話せばよいことなのかを考えておくのである。

　すると朝学活にかかる時間はせいぜい五分間である。それ以上になることはない。それ以上の時間は子どもたちに苦痛を与えるだけである。

　ほとんどの子どもたちは朝学活が終わり、一時間目の授業準備を始める。

　そんな時間を使ってすることがある。

**昨日、学校を休んだ子どもに声をかける**

「元気になってよかったな」

「調子はどうだい？」

「顔色がよくなったね」

と短く声をかけてあげるのである。

　たったこれだけでも休んでいた子どもには安心感にも似た感覚が沸いてくるものである。

　教室にいる子どもたちに安心感を与えてあげることも教師の仕事の一つなのである。


〈北海道中標津町立計根別中学校　**松岡義智**〉

## 【朝学活（2）】
## 挨拶・提案で明るいクラスを

朝学活は、クラス全体での一日の始まりである。そのため、クラス全体を明るい雰囲気にする最初の勝負ポイントである。だが、思った以上に朝学活の時間はとても短い。

本校では朝読書が一〇分間ある。それから朝学活。時間はたったの五分間。そのため、教師からの連絡のみである。朝学活が始まってから五分後には一時間目が始まる。

自分の教室移動もあるので実質二～三分といったところだろうか…。生徒も教師も一時間目の授業準備、教室移動がある。そんな中でも、めっちゃ明るい学級を作るために次のことを心がけている。

学級を明るくするポイント二つ

| |
|---|
| 一　元気の良い挨拶をする<br>二　クラス独自の取り組みを提案する |

である。以下に具体的に示していく。

### 一　元気の良い挨拶をする

朝学活は、担任とクラスの生徒全員とのファースト・コンタクトである（ここでは玄関・廊下などでの生徒との挨拶は含まない）。

ここで絶対に欠かせないのが、「挨拶」である。この挨拶は生徒から挨拶するのか、それとも教師からか…。

以前、私は号令係の号令により挨拶をしていた。（座礼）

号令係「気をつけ。おはようございます」
生　徒「おはようございます」
教　師「おはようございます」

のようにである。

一人一人に明るく清々しい挨拶を届けるように、少し声のトーンを上げて「おはようございます」と挨拶をする。声が小さくて元気がない場合は、人差し指で「もう一度」と示して、こちらから元気よく挨拶をする。もちろん、元気よく挨拶できた子を「○○さんのように挨拶ができると清々しい。こちらも元気がでます」などとほめる。

しかし、学年が上がるのに反比例するかのように、挨拶の声が小さくなっていくことがある。四年連続で三年生を担当したが、そんなことを実感した。

そこで変えたことがある。

号令係「気をつけ」
教　師「おはようございます」

生　徒「おはようございます」
のようにしたのである。

　教師から元気良く、「同じようにやるのだよ」とモデルを示すごとく、挨拶をするようにした。このスタイルは英語授業時の順序と同じである。こちらの方が、生徒は以前よりも元気に挨拶してくれるようになったと感じる。

　時として、教師の体調が悪いこともあるだろう。しかし、クラスとのファースト・コンタクトであり、何秒もないことである。笑顔を作り、挨拶を大切にしたい。その時、逆に生徒の明るい挨拶に助けてもらえたりすることもある。

## 二　クラス独自の取り組みを提案する

　普段の学活は、行事などに時間を取られやすい。帰りの学活では、生徒は早く帰りたい、部活に行きたいなどで落ち着かない。まるで競走馬がゲートに入った状態である。

　それに比べると朝学活は、生徒は良く聞いている。そのため、クラス独自の取り組みを提案するのに好都合である。

　例えば、体育祭時のクラス旗・垂れ幕作成、体育祭種目の極秘作戦伝達、七夕飾り付け、緊急に行えるようになったクラスレクなどを提案する（活動は主に放課後）。

　クラス独自の取り組みといえども、もちろん教師間で学年主任や行事担当責任者の許可は、事前に得ておく。そうでないと、「あのクラスは…」となってしまうからである。

　提案する際には、

教師「こんなことをやっちゃおうかと思っています。というか、やっちゃいます」すると、

生徒「○○先生に叱られませんか」となる。さすがは三年生である。

教師「許可は取ります。このクラスから全体を盛り上げます」と言うと、生徒も安心して取り組む。ちょっと内緒の活動であると、わくわくした感じになる。

　体育祭ペケ確定との噂のクラスが、旗・幕を作り、士気をあげ、極秘作戦を遂行した結果、一点差の準優勝にまでなった。短時間の朝学活だが、教師の工夫次第でめっちゃ明るい学級を作り、パワーを増やすことが可能である。

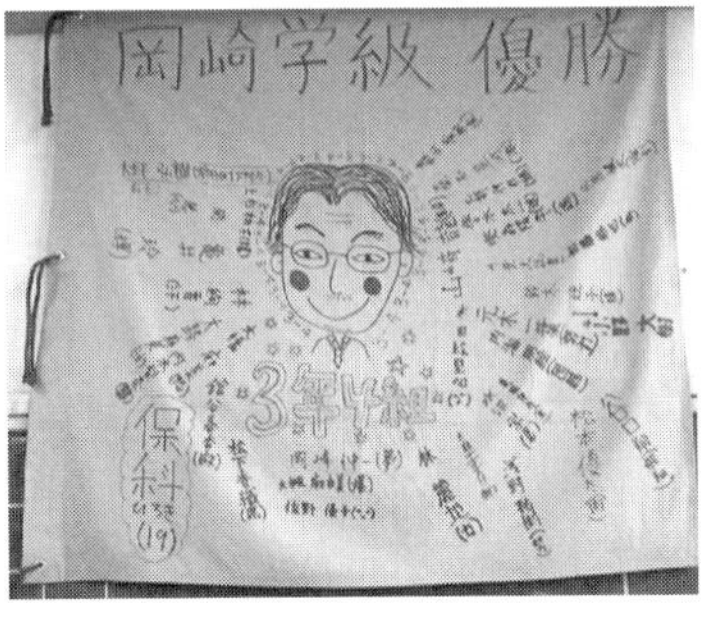

〈東京都渋谷区立代々木中学校　**岡崎伸一**〉

## 【休憩時間（１）】授業間休憩で生徒とコミュニケーションを

### 一　クラス「全員」を大切にする

明るいクラスの担任は明るい

まずは担任が明るく、というのはとても大切なことだ。担任の明るさ、を少し限定して言うと、

担任が、生徒と明るく会話できるかどうか

これがポイントだと考える。話しやすい生徒だけではなく、内気な生徒、そっぽを向くような生徒とも明るく話ができる。全員と明るく話ができるかがポイントになる。

活発で、話しやすい生徒とは普段からコミュニケーションがとれる。しかし、教師とはなかなか話しづらい生徒ももちろんいる。このような生徒こそ、関わりを持たなければならない。

『学級作り―個への対応ＱＡ事典』
向山洋一著　法則化アンバランス編　明治図書

この二九頁では、ひとりぼっちの子の指導について書かれている。

ひとりぼっちの子をなくしていく方法の第一は、遊ぶということです。教師が一緒になって遊べば他の子も遊ぶでしょう。

中学生なので、一緒になって遊ぶということは少し難しい。しかし、会話はできる。教師がきっかけを作って、周りを巻き込みながらコミュニケーションをとっていけばよい。

### 二　授業開始前、周りを巻き込む

授業開始前には必ず教室にいるようにしている。そうすることで、生徒と関わるチャンスが増える。

「この前、どこまでやったかな？」

「先生忘れちゃったんですか」

ノートを借りて、パラパラとノートをめくる。

「とってもきれいな字で書いてあるなぁ。すごい！　最初

のページと今のページと、丁寧さが変わってない！」

こうして誉めると、周りの生徒も集まってくる。

「ホントだ、すげ～」

このように感心する生徒もいれば、

「俺もキレイだぞ！」

と言って見せてくる生徒もいる。会話が広がる。「どれどれ…」とノートを見ていく。

「このゆったりと書いている所がニクイね」

「これは困った…。丁寧すぎる！」

そうこうしながら、どんどんノートを見ていく。

そうするうちに、なかなか会話に入ってこない生徒も巻き込んでいく（この生徒に関わるのが目的である）。

「おお、これまたスゴイ。ある意味感動だよね」

少し恥ずかしそうな顔をする。まんざらでもなさそうである。いきなり誉めずに、みんなを誉めた後に誉めるから、素直な反応をしてくれる。

そうこうするうちに授業開始のチャイムが鳴る。あたたまった空気の中、授業が進む。

### 三　授業後、次の教科のことを話題にする

授業終わりのチャイムが鳴る。生徒の緊張感が一気にゆるむ。再び一〇分間休憩の始まりだ。

「先生、今日めっちゃがんばったで」

「板書発表、二回もしちゃった」

ウンウンとうなずきながら、

「今日の美歩（仮名）は、目の輝きが違ったもんな」

「明日香(仮名)が積極的にやってくれて、先生、超助かったよ」

こんなやりとりをする。どの生徒も、自分のがんばりを認めて欲しいのだ。

また、次の時間の教科書を開いている生徒の所へ行って、

「今どこ勉強してるの？」と話しかける。

「宿題は当然やってるよね」

「まさかやってない訳ないよね」

「やばい！」と取り組む生徒が何人かいる。

小テストの勉強をしている生徒がいると、出題者となる。そんな時、生徒が数人集まってきて、「早押し」が始まる。短いけれど、楽しい時間になる。あまり会話できない生徒の近くで行うと、うまく巻き込めることがある。

静かに読書をしている生徒がいると、「何読んでるの？」と話しかける。知っている本だと、「あそこ最高だよな」といった話で盛り上がれる。こちらは一対一の話になる。

普段なかなか話せない生徒でも、自然に話ができる。

全員と関わりを持つために、担任からどんどん関わっていくことが大切である。


〈鳥取県東伯町立東伯中学校　**真山元樹**〉

## 【休憩時間（2）】
# 休憩時間は、生徒に声をかける時間

授業が終わり、職員室に向かう。

その途中で、たくさんの生徒とすれ違う。

そのとき、教師は何をするべきなのか。

ＴＯＳＳオホーツクで、代表の青坂信司氏がサークルメンバーに質問した。誰も答えることができなかった。

授業の反省をしながら歩いているときもある。廊下を走っている生徒を注意するときもある。床に落ちたゴミを拾っているときもある。授業内容について質問され、答えているときもある。これらすべてに、必然性はない。私は無自覚のまま、職員室に向かっていたのである。

青坂氏は、次のように答えた。

> 私は廊下ですれ違う学級の子どもたちすべてに声をかけていきます。

青坂氏は、小学校の教師である。朝からずっと生徒と一緒に教室で過ごしている。それでも、「子どもと接する時間は限られている」という。

中学校は、教科担任制である。

担当教科の授業がなければ、教室で過ごす時間はせいぜい二〇～三〇分程度である。四〇人の生徒全員に声をかけることなど、最初から無理な話である。

授業が終わる。教室からたくさんの生徒が廊下に出てくる。自分の学級の生徒はもちろんのこと、私が担当しているバレー部の生徒、地域のボランティア活動で一緒に汗を流した生徒など、自分と関わりのある生徒には必ず声をかけていく。もちろん、自分が担当していない学年の生徒であっても、できる限り声をかけていく。

「昨日のアタック、とっても良かったよ！」

「手に持っているのは美術のポスター？」

「お兄ちゃん、高校でもサッカーやっているの？」

「昨日休んだようだけど、熱は下がった？」

「次の授業は何？　音楽室に行くなら急がないとね」

相手は中学生である。「はい！」「ありがとうございます」などと、元気のいい声が返ってくることは期待していない。それまで硬かった表情が、少しでも変わってくれればいいのである。

忠司（仮名）という生徒がいた。学級担任をはじめ、多くの教師が彼の対応に苦慮していた。喫煙、万引き、暴力事件…。職員会議では、忠司の名前が報告されないことはなかった。

私は、直接、忠司を授業で教えていなかった。しかしながら、事件が繰り返されるたびに、何とか忠司と接点を持ちたいと思っていた。信頼関係がなければ、何か問題を起こしたとしても話を聞くことができないからである。

そこで、私は次の方法をとった。

> 授業が終わったら、忠司が休憩時間を過ごす階段前ホールを通って職員室に戻る。

休憩時間、忠司は仲間数人と階段前のホールで過ごした。遠回りでも、そこを通って職員室に戻ることにした。

忠司だけに声をかけるのは不自然なので、廊下で過ごす生徒達にどんどんと声をかけていった。ホールに近づくにつれて、私は、わざと声を大きくしていった。忠司は私の声に気がつき、振り返った。明らかに警戒していた。

私は表情を変えることなく「次は四時間目だね。四時間目が終わったら給食だけど、今日のメニューは何か知っているる？」と声をかけた。突然、声をかけられた忠司は、「お前たち、知っているか？」と仲間に確認した。

私は歩きながら、「知らないの、カレーライスだよ。カレーライスは好きかい？」と聞いた。「はい」と、忠司は答えた。私は「先生も好きだよ」と言って、忠司の横を過ぎ去った。わずか三秒程度の会話ながら、忠司と会話できたことにホッとした。

それから、毎日、給食のメニューを質問した。一週間後、忠司が廊下を歩いている私に笑顔で近づいてきた。

忠司「染谷先生、今日の給食、何かわかる？」

私「かぼちゃコロッケと豆腐のみそ汁！」

忠司は「ピンポ〜ン！」と言って、教室に駆け込んでいった。無邪気な忠司の姿を見て、私は安心した。

休み時間は、教師も生徒も授業の緊張感から解放される。だからこそ、何気ない《小さな会話》がお互いの心を結びつけるのであろう。

問題を抱えている生徒ですら、《小さな会話》を通して、教師に心を許すのである。ごく普通の、そして素直な生徒達であれば、その効果は絶大である。

> 休憩時間は、生徒に声をかける時間。

中学教師の常識になって欲しい。

〈北海道別海町立中西別中学校　**染谷幸二**〉

# 【給食準備（1）】時間をかけない

ポイントは、ズバリこれである。

すばやく準備する。

準備が早いほど、給食を早く食べ始めることができる。食べるのが遅い生徒もゆっくり食べられる。早く食べ終わる生徒はその後自席でのんびりとくつろいでいる。いいこと尽くめで、教室はおのずと明るくなる。

では、どうすればすばやく準備ができるのか？

その秘訣を紹介する。

## 秘訣一　教師も働く

給食時間となると私が一番に教室に乗り込む。白衣に身を包み、てきぱきと盛り付けをする。「え！　先生が給食当番するの!?」時に生徒に驚かれることもある。それに対して「そう！　一秒でも早く給食を食べたいから！　おなかペコペコ！　そこ手伝って！」と笑顔で返す。

そうすると、当番の生徒も移動先や手洗い場からあわてて戻ってくるし、当番以外の生徒もよく手伝うようになる。

動きのいい生徒には、

「そんなにいっぺんに運んで大丈夫？　さすが力持ち！」

「マシンのようだね、盛りつけが早くてきれい！」

などなどと、ほめまくるのである。反応のいいクラスなら、われもわれもと手伝い始めることうけあいである。三七名いるわがクラスでは、常時一二名ほどが働いている。

手伝う生徒はさまざまである。

自分の友達の手伝いをする生徒。当番に関係なく、毎日のように手伝ってくれる生徒。人手が足りないと見るや、手を貸してくれるおとなしい生徒。その一方で、「俺ってえらいでしょ！」とアピールしながら手伝う生徒。たまに給食時間の働きぶりが学級通信に載るので、それを狙っている生徒もいる。いずれにせよ、貴重な戦力である。

「本当にありがとうね！　今日もこんなに早く配膳が終わっちゃった！」

生徒を動かしたいのなら、教師が動くことである。

教師が笑顔で楽しくやっていると、生徒たちも笑顔で手伝うようになる。教師の「ありがとう」が生徒同士の「ありがとう」に波及するのである。

おかげで「いただきます」はどのクラスよりも早い。

### 秘訣二　少しだけ盛る

ごはんやスープなど、配膳の量を調整できるものは少なめに盛り付ける。目安としては、入れ物の半分弱の量である。一見ひどく少なく見える。こうすれば、お玉一杯、へらで一すくいという量なので次々と盛り付けられる。慣れればあっという間に配膳が終わる。あとから「足りなくなる」という心配もない。

給食時間は、もっとも「弱肉強食」がはびこりやすい時間である。教師が手を加えなければ、学級で発言力のある生徒や腕力のある生徒が好き放題に給食を独占してしまう。それは何としても阻止しなければならない。どの生徒も安心して好きなだけお代わりができるよう、給食の配膳には気を配る。

給食準備とお代わりのシステムは、おおよそ次の通りである。

一　少なく盛りつける。
二　お代わりは教師が仕切る（ずるを許さない）。
三　お代わりの権利は一人一回である。
四　汁物など、量を調整できるものからお代わりさせる。
五　汁物など、量を調整できるものは少し残しておく。
六　希望者が多いときはじゃんけんで勝った人がお代わりできる（誰でもチャンスがある）。
七　一通りお代わりがすんだら、後は自由にお代わりしてもよいことにする（たくさん食べたい生徒も満足する）。

原実践は、向山洋一全集三四巻『ささやかな場面での子どものつきあい方』三九頁〜をお読みいただきたい。

〈北海道別海町立別海中央中学校　**佐々木尚子**〉

## 【給食準備（2）】小学校のルールは中学校でも適用できる

人に会ったら「おはようございます」「こんにちは」「こんばんは」と挨拶すること。

自分が使った物を後片づけること。

教室のいすは机の中に入れること。

名前を呼ばれたら「はい」と返事をすること。

小学校でも中学校でも同様に指導するべき内容だ。

中学校の給食指導もまた小学校でどのように指導しているかを踏まえた上で、指導する。例えば、給食準備の場面。

小学校教師だった向山洋一氏は次のように給食準備を指導した。


給食の準備は、子どもがする。一年生以外は手伝わない。

ただし、「おかずは少なめにしなさい。余ったら、先生が調整します」と言ってある。五・六年生だと、「多く入れてしまって不足したら、給食係の人の分で調整しますよ」と言うときもある。配り終わって「いただきます」をする直前か直後に、一回目の指示が入る。


通例、二種のうちのどちらかである。
一　同じ班の人と比べて、少ないと思う人は出ていらっしゃい。
二　もっとほしいと思う人、出ていらっしゃい。
子どもが配ると、多い少ないが出る。

「同じようにしなさい」と言っても、違いは出る。それが「技術の未熟さ」によるうちはまだいい。しかし、「元気な男の子」がいっぱいはいるようになるものなのである。逆に目立たない子には少ししかないということになる。技術の未熟さ、元気な男の子の食欲、さまざまなことが混じって、違いが出る。

私は、この違いが出るのが自然だと思っている。

しかし、それでいいわけがない。だから、教師が調整してやればいい。「まわりと比べて少ない人、出てきなさい」と言うと、「少ない人」に混じって、「多い子」も出てくる。おこることはない。少しだけ入れてやればいい。目に余るほどいっぱい入っていたら、逆に減らしてやればいい。決して、文句は言わない。

配膳直後に、「平等のための調整」をする。

だから、「食べ終わった人からおかわりをする」という制度はとらない。こうすると、弱肉・強食になる。

中学校ではまず、学級開きの三日間で給食準備の仕事を明確にする。

以下学級通信での係紹介の実践である。

> ・昼食は昼食開始のチャイムで全員が着席していることを確認し、号令係が号令をかけ食べ始める。テレビ音楽のスイッチはテレビ係（運搬係、担任が来るのを待つ）。
> ・終了のチャイムまで立ち歩かない。また他の人のを食べない。
> ・カン以外の飲み物は持参して良い。

そして係がきちんと動いていること、また、係以外でも準備の手伝いをしてくれる生徒の行動を学級通信で紹介していく。

> お昼になると川崎君がテレビをつける。チャイムが鳴ってからしばらくしてやっと全員揃い、上瀧（仮名）君の号令で食べ始める。食べ終わりの挨拶は久保田（仮名）さん。号令係の声はしっかり通る。

> お昼の号令の時などは、準備のできた生徒から「早く号令かけろよ」と促されることもある。だが、全員の準備ができているかどうか、そしてチャイムがきちんと鳴り終わったかを確認してから、号令をかける。
> そこには、自分の仕事に対する責任感が見える。
> 昼食時、机をくっつけてグループで食べる。休みの生徒の机も動かしてくれる。
> 五校時が始まるとき、欠席の生徒の机が昼食時の状態のまま残っていた。それに気づいて田尻さんや江川君がさっともとの形に戻してくれた。

> お昼、関君が教室にいませんでした。だれかが「委員会」と教えてくれました。お昼の時間に係委員会の仕事をしている人がいます。

小学校の先生がやってよかったことを試してみて、中学生でもよかったら、その線をどんどんやっていく。めっちゃ明るい学級を作ろう。

〈参考文献〉

『向山洋一全集』三四、『教室ツーウェイ』一三八号

〈神奈川県横浜市立東高等学校　**佐藤泰弘**〉

## 【給食時間（１）】配膳の目安を教える

給食時間はどの生徒も楽しみにする時間である。しかし、教師が関わらないでいると「弱肉強食」の構造が給食に蔓延するようになる。食の強い子がおかずをさらって、全員におかずが行き渡らなくなるという事態が起こる。これを防ぐにはどうすればよいか。

配膳の目安を教える。

こんなことがあった。その日のメニューはハヤシライスと白玉フルーツあえ。生徒達は総合学習でバス見学をしてお腹もぺこぺこ状態であった。

私の学級では、空白の時間を作らないために「セルフサービス方式」を取っているが、盛りつけしてもらう際にこう宣言する。「多めでお願いします」「普通でお願いします」「少なめでお願いします」自分が食べられる量を伝えるのである。

ところが、その日はほとんどの生徒が「多め」であった。案の定、後半の生徒のおかずが行き渡らないという事態が起きた。それで、「多め」の生徒から少しずつ分けてもらわなければならなくなった。生徒達は「えー!?」と言ったり、ハヤシライスを机の下に隠したり抵抗を試みたものの、観念して分けてくれた。しかし、これはまずい事態だ。私の学級の給食のシステムがまずかったということだ。

翌日、私は学級通信で給食のシステム変更について次のように書いた。


今日から、給食のシステムは次のようにやってみることにする。

全て一盛り（おつゆは二盛り）とする。

多めの人も「一盛り」の中でやる。

普通の人も「一盛り」の中でやる。

少なめの人も当然「一盛り」の中でやる。

こうすれば、少なくとも全員が食べられないということはなくなるだろう。

それでも「足りない」人はどうするか？

おかわりすればよい。

「誰でも堂々とおかわりできる学級」「女子でも恥ずかしがらずにおかわりできる学級」は「いい学級」だと思

う。

「全部残さず食べなければ、おかわりできない」と考えている人もいるようだが、私はそういうことは考えていない。

苦手なものは少しだけ頑張って食べてみる。その程度で十分だと思っている。あとは、おかわりしたい人がおかわりすれば、それでいい。

但し、次のようなことをした時は許さない。

食べ物で遊ぶとか、食べ物を人に回すとか、そういう食べ物に対して失礼な態度を取ること。

このような場面が見られた時は叱る。

学級の全員が給食を安心して楽しく食べられるシステムを目指している。

「全て一盛り。おつゆは二盛り」こうすると、必ず全員におかずが行き渡る。誰かが我慢して少ないのを食べるという事態は起こらない。食の強い子は残ったおかずをおかわりしにくるので、心配いらない。生徒達はその通りに動いてくれた。それからは一度も「全員におかずが行き渡らない」という事態になったことがない。

それに、このようにしてからおかわりする生徒が急激に増えた。おかわりしにくる子は元気がある。「このおかず食べたい人？」と聞いて人数分を分けてやってくれる。もしくはゼリー争奪戦と称して、前に出てじゃんけんする。それだけで周りの生徒も明るくなる。始めはおかわりを恥ずかしがっていた女子も、私や副担任の女の先生がおかわりする姿を見て恥ずかしがらずに前に出てくるようになった。

ちなみに私の学級では、友達同士でおかずを譲ってもらうなどという行為は禁止している。以前の学級で、食の強い子が食の弱そうな子に「お前のゼリーちょうだい」などと迫り、本当は食べたかったのに食の強い子に譲ってしまうという訴えを聞いたからである。これも「弱肉強食」の一例である。

教師は、こうした生徒達の「弱肉強食」構造を壊して、みんなが楽しめる給食を演出しなければならない。

〈北海道羅臼町立羅臼中学校　**吉田沙智**〉

# 【給食時間（2）】役割分担を自分たちでできるために、どうしたらいいかを伝え続ける

## 一　役割分担の大切さを伝える

私のクラスには、給食の配膳当番で誰が何を運ぶかが書かれた役割分担表がなかった。

私は、役割分担を当番同士でやらせた。そうすると元気者が必ず、給食時間になると走って配膳室まで行き、パンなど軽いものをさっさと持ってくる。そして、食器が来るまで遊びはじめる。食器が来てもわからず、しばらくして、気がつき、配膳を始めるという情景が見られる。

それが普通だ。ここからが教師の出番である。

「大おかずのを運んだことのある人?」と聞く。バラバラと手が上がる。

「ありがとう。とっても重いよね」

「そのたいへんな仕事を二日間連続でやってくれている人がいました。きっと手が痛かっただろうけれど、文句ひとつ言わず、仕事をしている姿はとってもすてきでした。先生はすごいなと思いました。誰だってラクなことをしたいね。でもしんどいことを引き受けてくれる人がこのクラスにいることがすばらしいですね」

「いつもいつもしんどいことを引き受けてくれる人がいるということは、楽なことだけをしている人もいるということです。楽なことばかりやっている人を見て、『この人は信頼できる』と思えますか。自分は人様から信頼してもらえる人ですか」

「確かにあの子が勝手にしんどい仕事を担当してると思う人もあるでしょう。しかし、しんどいことをみんなで分担すればお互いに楽になりませんか。しんどいことを引き受けてくれている人を見て、『あ～私は今日は楽したな。明日は、私がしんどいのを引き受けよう』と自然にお互いを思いやれるクラスと、『私は楽や。ラッキー』と知らん顔できるクラス、あなたたちは、どっちがいいですか」

「当番の役割分担には、いろいろな方法があります。六人で一日ずつ交代して、一週間で一度は、重いものを運ぼうという方法もあります。心やさしい人の行為に甘えて、いつもまじめな人がしんどい仕事を担当するクラスにするのも、みんなで分担してみんながお互いいい意味で楽できるクラス、物を運ぶというたった一つの行為をとってもそこには、生き様や集団の力が見えますね」

このようなことを繰り返し、全体に話す。

「今日の当番は、昨日重たいものを持っていた人が、今日

は軽いものを持っていましたね。役割分担したの？　偉いなぁ」とさらりと声をかける。

最初のうちは、朝の会で「配膳運搬の確認をしましょう」と挙手をさせる。まだできていないといえば、「今、決めなさい」とその場で決めさせ、挙手をさせる。

教師が見て不公平な感じがすれば、「ずっと、重たいものを一人が運んでいます。先生には、不公平な感じがして納得できません。なぜ、そんな役割分担になるのですか」と怒ることなく、普通に聞けばよい。

## 二　役割分担ができることのすばらしさを自覚させる

「役割分担が、上手に早くできるようになってきたね」とできたことを褒めることも忘れない。

役割分担の話をしているとき、班で頭を寄せて話している姿を見かけることがある。男女とも、前のめりになり、頭を寄せ合って笑いながら話をしている姿は、私の大好きな教室の風景のひとつだ。そんな場面を見たときも褒める。

「今日ね、四班が、みんなで頭を寄せ合って、話をしていたのです。楽しそうにニコニコしていたから、何を話しているのかなと思ってそっと近づくとね、給食当番で誰が何を運ぶかを決めていたのです。先生、いいクラスだなと思ってとっても幸せな気分になりました。こういう話がきちんとできるからこそ、次の話題が広がっていき、いろいろな話ができるようになるんだね。うれしいね」。

そのうち、給食の準備の時間が来たら、班全員で「なぁなぁ今日は何運ぶ？」といいながら、仲よく配膳室にいく光景も見られる。

「本当にいいクラスだ。こんな難しいことがよくできるようになったね」と必ず子どもたちに伝える。

## 三　もうワンランク上を目指して

「本来、自分のことは自分でするのが基本ですね。しかし、例えば、給食など、千人もの人間が、一人ずつ、食器を取りに行き、配膳を自分でするとどうなりますか。パニックになり、時間がいくらあっても足りません。そこで、本来なら、自分ですべきことだけど、交代で担当しようという合理的な考えが当番です。給食当番は、うちのクラスでは六週間のうち、二週間担当します。あとの四週間は、遊んでいても給食が食べられるのです。遊んでいるほうが長いのに給食を食べることができるのです。ということは、人様のお世話になるほうが多いということですね。当番は、日ごろのご恩返しの時間なのですね。当番をするだけで人のお役に立てるなんてすばらしいですね。心を込めて当番ができる人でありたいですね」と当番活動の意義も語る。

〈兵庫県加古川市立平岡南中学校　**向井ひとみ**〉

# 【昼休み（1）】昼休みは生徒と一緒に過ごす

昼休みのポイントはこれである。

## 生徒と一緒に過ごす

給食後のひととき。職員室で一息つきたい。しかし、私は、その気持ちをぐっとこらえて、できる限り生徒と一緒に過ごすようにしている。

リラックスした時間が流れる昼休み。くつろいだ雰囲気の中で、授業中には見られない生徒の素顔を見ることができる。また、この時間に生徒と一緒に作業をしたり、会話をしたりして過ごすことは、明るい学級を作る上で大きなプラスにもなる。

昼休みには、

## 教室で生徒と一緒に作業をする

ことが多い。生徒と一緒に体を動かしていると会話も弾む。

まず、給食の配膳台。給食が終わり食器を片付ける。給食当番が食管などを配膳室に運ぶ。配膳台を水拭きするのは、私の仕事である。生徒にやらせるという学級もあるが、私はあえて自分で拭くようにしている。自然な流れで、給食が終わった後も教室に残ることができるからである。

水拭きをしていると、生徒たちが私の近くに寄ってくる。その生徒たちとおしゃべりをする。中には、「先生、私がやります！」と言って手伝ってくれる生徒も出てくる。私は、「ありがとう！　助かるよ」といって布巾を渡す。生徒は笑顔で配膳台を拭いてくれる。このような生徒の心ある優しい行動にふれたときには、とても気分がいい。

配膳台の次に、黒板を拭いたり、掲示物が曲がっていたりするのを直したりする。まだ職員室には戻らない。何かしら作業を見つける。探せばいくらでもあるものである。

「黒板係」「掲示係」など、係の生徒に声をかけて一緒に作業をすることもあるし、私一人で作業をすることもある。決して、「やっておきなさい」と任せっぱなしにしたり、「汚れているじゃないか！　しっかり仕事をしなさい」と係の生徒を叱ったりしない。

私が作業をしていると、配膳台のときと同じように生徒が手を貸してくれる。授業中あまり目立たないけれどもしっかり者の生徒が手伝ってくれることが多い。時には、予想をしていなかったやんちゃ生徒たちが手伝ってくれることもある。

「ちょっと手伝って！」と、強引に生徒を作業に巻き込むこともある。こんな時の教師のお願いには、どんな生徒も素直に手を貸してくれる。「えー！　何で俺なの！」などと言いながらも手伝ってくれたりする。一人の生徒に頼んだら、「私もやる！」「俺もやる！」と生徒たちが集まってくることもある。大人数でワイワイと作業するのもまた、楽しいものである。

生徒が手伝ってくれたときの様子は、学級通信で紹介する。余計な説明や解説はせずに、そのときの場面を、生徒の名前を入れながら楽しく描写する。学級通信に自分の名前が登場すると生徒は喜ぶ。また、一人一人の「心ある行動」が、学級通信を通じて学級の中に広まっていく効果も期待できる。親も、このような学級通信を喜んで読んでくれる。親にしてみればとても新鮮な情報なのである。

天気がよいときには、

## 外で生徒と本気になって遊ぶ

こともある。以前、小中併置校に勤務していた。小学校の先生は、子どもたちとよく遊んでいた。それに比べ、中学校の先生は、職員室から生徒たちが遊んでいる姿を眺めていることが多かった。

昼休みが終わり、小学校の先生が子どもたちと肩を組んで帰ってくる。子どもたちに囲まれながら実に楽しそうに校舎に引き上げてくる姿をうらやましく思っていた。

「小学生と中学生は違う」という考え方もあるだろう。だが、中学校教師も、時には生徒と本気になって遊ぶことも大切であると私は感じている。

私は、生徒と本気になって汗をかいて遊んだ。夏には、スーツ姿のまま生徒と一緒にサッカーをした。炎天下の中、シャツが汗でぐっしょりになったが、生徒と一緒に飲んだ水はおいしかった。冬には、雪合戦をした。手加減はしなかった。ずぶぬれになって、震えながら一緒にストーブで服や靴下を乾かしたのは今でも良い思い出である。

生徒も同じだった。私のことが大嫌いで、反発していたやんちゃな生徒がいた。しかし、彼とも本気で遊んでいるうちに打ち解けていった。卒業前、クラスでイベントをすることになったとき、彼は開口一番、「また先生と雪合戦がしたい」と言った。大雪合戦大会が実現し、クラス全員でずぶぬれで大笑いをした。

〈北海道中標津町立中標津中学校　**山辺慎太郎**〉

# 【昼休み（2）】中学校でも生徒といっしょに過ごす

## 一　昼休みをどのように過ごしているか

中学校の教師は、あるいは生徒は、昼休みをいったいどのように過ごしているのだろうか。

私のサークル（兵庫県）でたずねてみた。

（A）　教師編

・昼食指導のあと、職員室へ戻り談笑している。
・委員会や部活の生徒を集めて指導している。
・相談室で生徒を指導している。
・生徒と校庭でサッカーをしている。
・日記に赤ペンを入れている。
・午後の教材研究をしている。
・電話で話をしている。
・学年打ち合わせをしている。
・昼食指導のあとも教室に残り生徒と話をしている。
・テストの採点をしている。
・廊下を見回り生徒と話をしている。
・生徒の質問に答えている。
・グランドの裏やトイレなど死角になる場所を見回る。

（B）　生徒編

・生徒は、校庭で遊んでいる。
・教室、廊下で友達としゃべっている。
・廊下階段でおにごっこをしている。
・図書室で本を読んでいる。
・次の時間の予習（宿題）をしている。
・先生に質問しに職員室へ来ている。
・トイレ・手洗いの鏡の前で身繕いをしている。
・教室でプロレスをしている。
・黒板に落書きをしている。
・先生と面談をしている。
・教室で読書をしている。
・移動教室の部屋へ行き、用意をしている。
・体育のための更衣をしている。
・委員会、係の仕事をしている。
・忘れ物を持ってきてもらっている。
・忘れ物を借りにいっている。
・部活でグラウンド整備をしている。
・職員室へ提出物を届けている。
・明日の授業の用意を聞きに行っている。

所変われば品が変わるかもしれないが、共通する点も多いだろう。

さらに次の点もサークルで出し合ってみた。

（C）　学級作りの一環で行っていること

・希望者の暗唱を聞く（英語、国語）。
・背面黒板の掲示物のはり替えを生徒とする。
・勉強の分からないところを教えてあげる（自分の専門教科以外も教える）。
・音楽のリコーダーを聞いてあげる（テストの度胸試し）。
・簡単な教室の修理を生徒とする。
・目立ったゴミを拾うなど教室を整える。
・日記で気になることを書いていた子に声かけをする。
・生徒用トイレに入り手を洗う。
・ノートパソコンを持ち込み学級通信を作る。
・一人でぽつんといる子に声をかける。

様々な条件が許すなら一番は

生徒といっしょに遊んで汗を流す。

これが一番ネアカな昼休みの過ごし方だろう。

次は教師ができるかどうかの問題があるが、教室が明るくなることは請け合いである。

・生徒と将棋、囲碁をさす。
・ギターを弾く。
・百人一首をする。

トランプなどは持ち込むと学校によっては様々な問題が生じるかも知れないが、「日本の伝統文化に触れる」ということで将棋や囲碁は良いだろう。場合によっては年配の先生と対戦させるのもおもしろい。

百人一首は五色百人一首が断然良い。まだ五色百人一首を取り入れていないクラスで昼休みにやって素地を作るのである。あるいは一、二回やったものの後が続かない場合も昼休みにやってみるとよい。

教師自身もやって楽しいことを生徒といっしょにするのがポイントである。

中学校では弁当のところも多い。次もおすすめである。

外で弁当を食べる。

校庭や中庭などへ弁当を持って出て食べる。気分が変わり生徒はにこにこ顔になる。

〈兵庫県加古川市立平岡南中学校　**大北修一**〉

# 【清掃時間（1）】元気なかけ声と、笑顔がはじける「ゴミ投げジャンケン」

掃除をサボる。やったとしても自分の仕事を終えてさっさといなくなる。そんな清掃をまとまってやれない学級に

ゴミ投げジャンケン

をお勧めしたい。

「ゴミ投げジャンケン」によって、掃除のエスケープが減るだけでなく、清掃時間がとっても明るくなった経験を以下に述べる。

第一回目の教室の掃除。男子生徒がこれまでやっていたように「俺、机運んだから、終わり」と出て行こうとした。

「待って。『ゴミ投げジャンケン』するから、最後までいてね」と声をかけた。帰ろうとする生徒には、こう言って全員待たせた。

掃除が終わる頃、全員を集め、次のように宣言した。

「最後の『ゴミ投げ』をする人は、『ゴミ投げジャンケン』で決めます。このジャンケンは、絶対、必ず、当番全員が参加します。もちろん、先生もです！」

「えー！　一発勝負？」「もちろん！」と、盛り上がったところで、「ゴミ投げジャンケン、ジャンケンポン！」

単純なことだが、これが結構盛り上がる。男女混じって、教師も真剣になって顔を突き合わせ、「ゴミ捨て」を賭けてジャンケン勝負をすることは、普段あまりなかったことだろう。

何回かジャンケンをして、私が負けた時が一番盛り上がった。

「やられたー！」

と、大げさに悔しがり、ゴミ箱を抱えた担任を、皆は笑いながら拍手で送り出してくれた。

それ以来、最後の「ゴミ投げジャンケン」は、清掃終了の儀式となった。

「ゴミ投げジャンケン」があると思うと、自分勝手に決めた「一人分の仕事」を終えて、いなくなってしまう生徒が激減した。「ゴミ投げジャンケン」は、全員参加でないと成立しない、というルールがあるからだ。

帰ろうとすると、「ホラ、ジャンケンするんだから、待っててよ！」と女子生徒から声がかかる。

相変わらず、「ここ掃いたもん。終わりー」と言って掃除

をやめてしまう男子はいた。しかし、「ゴミ投げジャンケン」があるから帰るわけにもいかない。仕方がないので、手持ちぶさたに教室をウロウロし、結局、また机を運んだりして掃除に参加していた。

それでも掃除の途中にいなくなったりする兵《つわもの》もいた。しかし、途中でいなくなる当番がいても、「ゴミ投げジャンケン」の時には、他の当番によって探し出され、連れ戻された。

他の当番が「ホラ、ジャンケンだってば！」とやんちゃ君を連れ戻す様子は、実に明るかった。連れ戻す方も、戻される方も、ニコニコ笑っている。

「ちょっとー、掃除サボらないでよ！」「うるせーな！」というような険悪さが、一切ないのだ。

教師は、そんな様子を、せっせと掃除をしながら黙って見ている。教師が、掃除を怠ける生徒に小言を言わなくてよいことこそが「明るい清掃時間」を作るポイントなのではないか、と思う。

毎日飽きずに「ゴミ投げジャンケン」を続けていると、自分の仕事だけを終えていなくなる生徒が減っていっただけでなく、当番ではないのに『ゴミ投げジャンケン』に参加する生徒まで出てきた。

私が「ジャンケンやろう」と誘う前に、「やるよー」と生徒から声をかけるようになった。

ジャンケンの輪に、他の学級の生徒や、通りすがりの先生まで混ざっていることもあり、びっくりした。

ゴミ箱を持って廊下を歩いていると、「先生、また負けたの？　弱いなー」と当番以外の生徒とも話がはずむ。

掃除をしながら、「俺、今週全勝」「私、今日負けたら三連敗」と自然と会話をする男女もほほえましい。

一学期が終わる頃、「ゴミ投げジャンケン」は、すっかり、学級の「裏文化」として定着してしまった。

「ゴミ投げジャンケン」が盛り上がり、定着したのは、教師が参加したからである。大の大人が気合を込めてジャンケンをする。負けると生徒と同様にゴミ捨てをする。それが生徒にとっては面白いようだった。

また、「やり続けた」ということも大きかった。中には気のきく生徒もいて、「先生、私、ゴミ捨てておくよ」と言ってくれることもあったが、「ありがとう。でも、ジャンケンで決めるからいいよ」と断った。

掃除の最後に、全員がきちんと集まり、ジャンケンをし、「勝った！」「負けた！」と笑い合い、明るいイメージで掃除を終わることにこだわったのだ。

どんな手段でもいいと思う。ただ、「笑顔で掃除を終わること」にこだわると、明るい清掃時間が実現するのだ。

〈北海道標茶町立標茶小学校　**藤原佳澄**〉

# 【清掃時間（2）】「ありがとう」の力で清掃時間が明るくなる

一〇年ほど前であるが、学校生活のあらゆる場面をビデオに撮ったことがあった。授業はもちろんのこと、朝学活、給食中、昼休み、掃除の時間等々。

最初は物珍しそうにビデオカメラをのぞいていた生徒達も、三日もたてばカメラを意識せずに行動するようになった。録画したビデオを視聴するのは、思った以上に時間がかかる作業であった。しかしながら、教師が何気なく見逃している小さな行為を多数発見することができた。特に、物静かで、控えめな生徒の様子を把握できたことは学級経営を進めていく上で大きな財産となった。

掃除の時間のビデオを見ていた時である。

同じ班、同じメンバーでも、日によって作業の効率が全く違うことに気がついた。

最初は曜日に関係しているという仮説を立てた。経験的に「月曜日と金曜日は動きが鈍い」と感じていたからである。半月分のビデオを見たが、曜日に関連性はなかった。

次に、天気が関係していると仮説を立てた。晴れた日に比べ、雨の日は動きが鈍くなるものである。しかし、それも関係はなかった。

なぜ、同じ班、同じメンバーでも、日によって作業の効率が変わってくるのか？

その理由を知りたくて、掃除の場面だけを何度も見た。それでも、答えは導き出せなかった。

次に、一週間分のビデオを見て、「生徒が動いている日」と「動いていない日」に分けた。更に、象徴的な日を抽出し、そのビデオを何度も何度も見た。

そうすると、次の三つの仮説が浮かび上がってきた。

一　私が動いているときは、生徒も動いている。
二　私が笑顔で掃除をしているときは、生徒も楽しそうに掃除をしている。
三　私が「ありがとう」と生徒に声をかける数が多いほど、生徒は動いている。

この三つの仮説を念頭に置き、半月分のビデオを視聴した。私が導き出した仮説が正しいことに気がついた。

掃除の時間における生徒の動きは、教師の行動に基づいていたのである。この日を境に、私の清掃時間に対する意識が変わった。

勤務校は六時間目終了後、全校一斉清掃となる。その後、帰りの学活となる。

私は六時間目終了とともに教室に入る。

真っ先に、掃除用具箱からほうきを取り出す。生徒が机と椅子を教室の後方に移動している中、前方から掃き始める。

私が動き始めれば、生徒はもたもたできない。机の移動を終えた生徒から、担当区域に散らばり始める。

染谷学級では役割分担を決めていない。

「この教室で勉強できることに感謝するならば、その気持ちを掃除で返しなさい」と指導している。「自分で仕事を見つけること」がルールとして機能している。

窓を開ける生徒、ほうきで掃き始める生徒、バケツに水をくみに行く生徒など、思い思いに行動を始める。私の横を通る生徒には、「水くみ、ありがとう」「隅から掃いているね、ありがとう」と声をかけていく。

生徒も「はい」「ありがとうございます」と笑顔で返してくれる。それだけで、清掃時間が楽しくなる。

「ありがとう」と言われれば、生徒も気分が良いのであろう。とにかく、行動が早い。そして、細かな部分までよく気がついて行動する。おかげで、私自身が教室掃除に専念できる。まさに、一石二鳥である。

勤務校は掃除時間が一五分間であるが、私は一〇分を目標にしている。

一〇分以内で終われば、「今日はいつもよりもきれいに、早く終わりました。皆さんのおかげです。ありがとう」と声をかけて、掃除を終える。

一〇分で終わらなければ、「今日は全体的に動きが遅かったです。そんな中、幸平（仮名）君だけは黙々と掃除をしていました。明日は、幸平君を目標に掃除をしましょう。幸平君、ありがとう」と特定の生徒をほめるようにしている。

清掃の反省も短い時間で、しかも「ありがとう」の言葉で終えることができる。

清掃時間を大切にしない中学教師が多いように思う。

中学校は教科担任制であり、生徒と触れ合う時間が限られている。私は、清掃時間を生徒との交流の時間、生徒の良い面を発見する場と位置づけて、自ら進んで掃除をしている。

「染谷先生の学級になると掃除が早く終わる」と評判である。これは「ありがとう」の言葉の力であると確信している。

〈北海道別海町立中西別中学校　**染谷幸二**〉

## 【帰りの学活（1）】
## はやく終わることでみんながハッピー

中学生も放課後はいろいろと忙しい。

生徒会活動や部活動などその活動も多岐にわたる。

まして上級生ともなれば、なおさら忙しくなる。

上級生がいないと活動自体がままならないこともある。

だから、帰りの学活は早く終わるに越したことはない。

私が帰りの学活にかける時間は三分間以内である。これ以上は長いとさえ考えている。

帰りの学活を三分間以内で終わらせるポイントはいくつかある。そのうちの一つが次のことである。

**給食の時間に連絡事項を済ませる**

給食時間にもなると、明日の連絡事項のほとんどはわかっているので、それらを話題にするのである。

「明日の登校時間は八時三〇分です」

「懇談会の出欠まだの人は連絡すること」

「提出物がまだの人は給食を食べたら出しなさい」

といったことを話すのである。

すると、給食中の子どもたちとの話の種にもなり、会話を楽しみながら食事をすることもできるのである。

また、私の学級では教科連絡をしている。明日の各教科で必要な連絡事項をまとめるのがその役割である。

ただ、その連絡方法について子どもたちには次のように話している。

**「連絡黒板を見て、わからないことがある人はあとで教科連絡係の人に聞きなさい」**

こうした一言がないと、帰りの学活で長い時間をかけて教科連絡をすることになる。せっかくていねいにまとめた連絡事項も無駄になりかねないのである。

次に、プリントなどの配布物についてである。

本来、これは教師の仕事であり、子どもたちがそれを手伝ってくれているのである。

だから、プリントなどの配布について教師が子どもたちを怒る必要は何もないのである。

　気のついた子どもがプリントを配ってくれたら、「ありがとう」とお礼を言えばよいし、誰も気がつかなければ自分で配ってしまえばいいのである。

　最後に帰りの学活の進行についてである。

　私の学級では次の四つを行っている。

一　「はじめのあいさつ」
二　「みんなからの連絡」
三　「先生からの連絡」
四　「終わりのあいさつ」

「みんなからの連絡」では生徒会や部活動における連絡事項などが主である。これも子どもたちには事前に要点だけを話すように指導しておく。

　そして「先生からの連絡」では明日の予定や補足することを短く次のように連絡するのである。

「連絡が二つあります。一つめ。明日は調理実習です。爪を切ってきなさい。二つめ。明日は八時三〇分までに登校しなさい。以上です」

　時間にして一五秒ぐらいである。そして最後にみんなで「さようなら」とあいさつをして帰りの学活を終える。

　すると子どもたちはスタートのピストルが鳴ったかのように大急ぎで教室を飛び出していくのである。

　帰りの学活で私が心がけていることは次のことである。

朝の学活より早く終わる

　このように心がけるだけで、無駄を省くことができる。そして朝の学活よりも早く終わることで、子どもたちに帰りの学活は早いという印象を与えることができるのである。

　ある日、一人の子どもが私に言った。

「先生、今日も帰りの学活が早く終わってよかったよ。いつも一番に部活動へ行くことができるから、俺には大助かりだよ」

　そういってこの子どもは部活動へと向かっていった。

「帰りの学活が早く終わる」

　これが私のクラスの自慢の一つである。


〈北海道中標津町立計根別中学校　**松岡義智**〉

# 【帰りの学活（2）】大ブレイク！ 話す・聞くスキル！

勤務校の帰りの会は一五分間設定されている。時間が来るまで教室から出さないというのが共通ルールだ。学年の足並みをそろえるという意味で、取りあえず日直に司会をさせ、一日の反省なるものをやる。「先生からのお話です」で時計をちらっと見ると、うわっ！ まだ、一〇分もある。かつてはそんなパターンが多かった。今日は何を話そうかと真剣に考えると憂鬱な気分になった。つまらない説教話をしてだらだら過ごした。

でも今は違う。帰りの会は楽しい時間だ。五色百人一首、英語ことわざカルタ、詩文の朗読や暗唱を取り入れているからだ。昨年までの断トツの人気は五色百人一首だった。

「先生、今日も百人一首やる？」

「やります」

「やった！ オレ、先生のクラスでよかった！」

「オレも、先生が担任でよかった！」

やんちゃ君たちにそう言わせる五色百人一首はすごい！

ところがその五色百人一首の人気を覆した教材がある。今年発刊された音声言語教材「話す・聞くスキル」（正進社）である［お問い合わせ・申し込みは、東京教育技術研究所FAX〇三（五七〇二）二三八四］。

「話す・聞くスキル」には声に出して読みたい文がたくさん収められている。名作・詩・短歌のほか、口の体操、遊び歌、リズム歌などジャンルも豊富だ。

初めは真面目・名作路線で詩や文を選んだ。宮沢賢治「雨ニモマケズ」、夏目漱石「吾輩は猫である」冒頭部などである。

音読のいくつかのバリエーションを紹介する。

「追い読み」教師が読んだ文と同じ文を読ませる。文末の三文字程度を重ねて読むとリズムが出てくる。

「一文交代読み」先生と生徒、男子と女子など一文ずつ交代で読む。

「リレー読み」グループで、一文ずつ順番に読む。

「たけのこ読み」自分が読みたい文を二～三文決め、自分が読むところが来たら、立って読む。たけのこ読みが生徒は大好きだ。必ず、もう一回やりたいとリクエストがかかる。読む文を四～五文に増やして繰り返す。

慣れたころから、言葉遊び教材を増やしていった。

「回文」「回文」（五巻三ページ）

「竹やぶ焼けた」「たけやぶやけた」

「確かに貸した」「たしかにかした」

「みがかぬ鏡」…

追い読み、交代読み、たけのこ読みとテンポよくどんどん読み進める。最後に二人組。一文ずつ交代に読んで先につっかえた方が負け。対抗戦で盛り上がる。

「早口言葉」「早口言葉」（三巻九頁）

「赤まき紙青まき紙黄まき紙」「赤まき紙…」

「三回連続ですらすら言えるようになった人から座りなさい。全員、起立」

練習後、「隣の人に聞いてもらいなさい」

いざ、友だちに聞いてもらおうとすると舌がもつれてうまく言えなくなる。なごやかな笑い声が起こる。時に、「おおっ〜！」と歓声が上がる。

「隣の人が上手だったと思う人。手を挙げなさい」

推薦された生徒に前で発表してもらう。失敗してもうまくできても拍手が起こる。

「あ」だけでさまざまな表現ができる（五巻一〇頁）。

「ふつうの」「あ」

「大きい」「あ」（中略）

「びっくりした」「あ」

「おそろしいときの」「あ」

「〇〇のときの」を自分たちで考えさせて言わせてみるとおもしろい。

「マダムになろう」（五巻五頁）では、

「あーら、おくさま。お元気ですか」

「たくのこどもは、頭がいいのでざーます」

やんちゃ君が競って練習に励む。手振りが入り、どういうわけか、やたら体をくねらせて読む。普段の生活もざあます言葉が流行る。

「サヨナラホームラン」（三巻一七頁）

「ピッチャーふりかぶって、第一球を…投げました。打った！　打球はぐんぐん伸びる。これは大きいぞ（略）」

これも、同じくやんちゃ君が張り切って練習する。プロのアナウンサーも顔負けの表現力だ。みんなで拍手する。

帰りの会の短い時間である。楽しいなと感じたところで終わりになるからマンネリ化せず続いている。

横並び体質の強い中学校だ。「二組だけ、いつも帰りの会で遊んでいる」他クラスから不満や批判の声が出ぬよう学級経営は日ごろからきちんとしておく。最後の一分は、「手に持っている物を置きなさい。おへそをこちらに向けなさい」短い語りで気持ちを引き締め、元気な「さようなら」のあいさつで教室を送り出している。


〈愛媛県松山市立鴨川中学校　**越智鈴穂**〉

## 【放課後（1）】生徒の素顔を発見する場である

「終わりの学活をできるだけ早く終わらせて、少しでも長く生徒たちに放課後の時間を確保してあげたい」

というのが私の願いである。生徒たちにも伝えてあるので、彼らも「さようなら」の挨拶をした後は、自分たちのやりたいこと、すべきことをするためにさっさと教室を出てしまう。誰も教室に残らない。誰もいない教室で、私にはすることがある。それは

生徒の机を一つ一つ拭いていくこと。


そして、掃除の仕上げにもう一度さっとモップがけをする。これが実にいいのである。

生徒の机を一つ一つ拭いていくとその生徒の机の状態がわかる。落書きがないか、勉強道具が置いたままになっていないかがまずわかる。落書きがあれば消しゴムで消す。勉強道具が置いたままであれば、職員室にお預かりする。生徒たちはそんな私のことを「置き勉ハンター吉田」と呼ぶ（自分で呼んでいるのかもしれないが）。

更に、この「机拭き」がいいのは、その日の生徒のことを思いだしながらできることである。「山田（仮名）君は今日、友達とケンカして泣いていたな」とか「中村（仮名）さんは今日、授業中眠そうにしていたな」とか考えながらやるのである。中には「あれ、この子は今日どう過ごしていただろうか」と思い出せない生徒もいる。それが一人や二人でない。結構出てくるのである。でも、そうやって毎日机を拭いていると少しずつ思い出せるようになってくる。机もきれいになるし、教師修業にもなるし一石二鳥である。

そして、モップがけをする。掃除当番と掃除をしているので、きれいなのだがそれでもゴミは出る。こういうことをしていると、放課後部活動で残っている生徒などがやってきて「先生、大変だね。手伝おうか」などと声をかけてくれることもある。私がモップをかけ、生徒がほうきで掃く。こういうことをしてくれると、必ず次の日の学級通信にその生徒のことを誉めるのである。例えば次のようにである。


放課後、誰もいない教室でみんなの机を拭き、モップがけをするのが私の日課です。みんなの机を一つ一つ拭きながら、モップをかけながら、その日のみんなの様子を思い出すのです。

昨日の放課後も一人モップがけをしていました。そこへ、部活動を終了させた松田（仮名）さんが教室に入ってきました。

モップがけしている私に気づいたのでしょう。「先生、大変だね。手伝おうか」と彼女は箒をさっと手にし、床を掃き始めました。松田さんのそのさりげない動きに内心、感動しながら私もモップがけを続けました。部活動のこと、今日の授業のこと、他愛のないおしゃべりをしながら掃除しているうちにあっという間に終了しました。

「ありがとうね」という私に松田さんはこんなことは何でもないという風に「さようなら！」と去っていったのでした。


こういう通信を出すと、学級にはなんとも言えないいい空気が流れる。そして、ごくわずかではあるが、同じようなことをしてくれる生徒が出てくるのである。


他にも、こんなこともあった。

ある日のことであった。初めての中間テストが返却された日のことである。私がいつものように一人で生徒たちの机を拭いていると、青木（仮名）君がガラガラと戸を開けて、教室に入ってぶらぶらしている。「青木君、テスト、どうだったの？」と私。青木君は悔しそうに「全然だめだったさ。先生、俺くやしいよ。次は絶対リベンジする」青木君はそういって、「さようなら！」と教室を出て行った。なんだかほほえましく思いながら、私は机拭きを続けた。

またある時は、数学が苦手な本木（仮名）さんが担当の先生にお願いして、教室で教えてもらっている場面に立ち会ったこともあった。いつもあきらめがちな本木さんが、一生懸命数学を教わっている姿にはハッとさせられた。彼女の新たな一面を見た気がした。何食わぬ顔で机拭きを続けたが、内心はゾクゾクしていた。彼女の真摯な姿にしびれてしまった。

このように放課後の教室での作業は、生徒の意外な素顔も見せてくれるのである。


〈北海道羅臼町立羅臼中学校　**吉田沙智**〉

# 【放課後（2）】できるだけ多くの生徒と会話する

明るい教室経営、放課後のポイントは

教室にいて、多くの生徒と言葉を交わすこと

につきる。

当たり前にできることではない。

学級経営が上手くいかないときは、一目散に職員室へと逃げ帰りたくなる。

一刻も早く「ああ、今日も終わった」と、一息つきたくなる。

勤務校でも多くの教師は学活終了後、すぐさま職員室へと戻っている。部活動が始まる前、ちょっとした休息時間であるからだ。

しかし、一日の中でどれだけの時間を生徒とともに過ごしているだろうか。

毎日、生徒全員の様子を見ることができるだろうか。

忙しい日々を過ごす中学教師、教科担任として一日に教室の生徒と関わる時間は多くて二時間である。

肩肘はらずに生徒と関われる、放課後の貴重な一〇分を大切にしたい。

前任校で授業を担当した学級は荒れに荒れていた。そのとき、だんだんと教室へ行く足取りが重くなった。ダメだとわかっていても、チャイムが鳴った数分後に教室へ入るようになった。

上手くいかない学級ほど、五分前に教室へはいる。

当時、先輩に言われた言葉である。

はっとした。生徒から目を背けたくて、コミュニケーションをとらないようにしていた。見ないようにしていた。生徒と関わろうと決意してから数か月、荒れは完全には収まらなかったが、生徒を嫌いにならずにすんだ。せめてもの救いである。

それから私はできるだけ生徒と話をするように心がけている。しかし時間は限られている。だから放課後の一〇分を有効に使うのである。

「気をつけ、さようなら！」

「さようなら！」

真っ先に教室を飛び出す生徒、今日中に出さなければいけないプリントを必死に書き始める生徒、一秒でも早く部活へ行こうと着替え始める生徒もいる。

教室に残った生徒は、様々な話題に花を咲かせている。

私は教卓でプリントの整理をしながら、生徒たちの様子を眺める。話しかけてくる生徒もいるが、大半は自分のやるべきことで忙しい。それでもいいのだ。

遠くで元気な声が響く。

「先生、さようなら～！」

「さようなら。陸上の練習頑張ってね」

私はできるだけ多くの生徒に声をかける。そして、できるだけ個人の情報を盛り込んで伝える。

次のようにである。

「今日はピアノのレッスンだね、いつか聞かせてね」

「もう卓球のラリーは続くようになった？」

「何か疲れているみたいだね。早く帰ってゆっくり身体を休めてね」

やっている部活、ポジション、好きな芸能人、飼っている犬などなど。私が声をかけて、生徒からの返事が「うん」だけでもいい。返事が返ってこなくてもいい。もし、生徒が笑ってくれたら万々歳である。

放課後、一日の活動を終えた生徒たちの顔はすがすがしい。しかし、中には元気のない子もいる。不機嫌そうな子もいる。それでも変わらず明るく声をかけ続ける。

余裕のある生徒は、様々な話をしてくる。

「先生、今日の授業難しかった」

「先生、黒板の字もっと大きく書いて」

「先生、丈志（仮名）、隣でしゃべってばかりでうるさいよ」

授業中はなかなか言えないことも、放課後のリラックスした雰囲気の中で素直な思いを伝えてくれる。それが次の授業に生きることもある。

「今日、部活行きたくないな…」とつぶやく生徒から日頃のストレスを聞き出すこともある。

「最近シュート入んないし」

「ライバルはすっごく上手になっているのに」

監督に伝えづらいときは、担任の出番である。生徒の気持ちを引き出すように、聞き役に徹する。そして監督と互いに連携をとり、その生徒の様子を見ていく。

放課後は情報の宝庫である。


〈北海道別海町立別海中央中学校　**南川敦子**〉

## 【部活動指導（1）】顧問の先生と積極的に交流しプラスの情報を入手する

私が心を砕いているのは次のことである。

生徒に「指導者への感謝の気持ち」を持たせる

「誰のおかげで部活ができると思っているんだ！」と言いたくなる時がある。それを言えれば部員と顧問の関係はいいと言える。しかし、部員が聞く耳を持たない場合もある。こうなったら、学級担任の出番である。

たとえば大会前。レギュラーを取れず意欲が見られない生徒がいたとする。私はこう語る。

スポーツにはルールがあります。決められた人数しかコートに出られません。

この中には、試合に出るチャンスがなかなかもらえず苦しんでいる人がいるかもしれません。

でも、そのことを一番苦しんでいるのは誰だと思いますか？

それは、顧問の先生なのです。

みんな同じだけの練習をしています。できることなら全員出してあげたいと思うのが顧問の先生です。そのことを忘れないでください。

では、コートに出る以外に、あなたがチームのためにできることはないのでしょうか？

そんなことはありませんね。

ベンチから大きな声で声援を送ることができます。プレイヤーが気持ちよく戦えるよう、率先して準備をすることもできます。チームの雰囲気が悪くなったら励ますことだってできます。

以前対戦した強豪チームの監督に、こんなことを聞いたことがあります。

「先生が最も信頼している選手は誰ですか？」

すると意外な答えが返ってきました。

「いつもベンチを盛り上げてくれるK君です。彼がチームの士気を高めてくれるのです」

顧問の先生は、プレーだけを見ているのではありません。心からチームの勝利を願っているかどうかを見るのです。

チームにとって、ここ一番という勝負の場面が三年間に一度か二度あります。そんな時「あいつに任せたい」と思われるような選手になってほしいのです。

生徒は往々にして、自分の立場しか考えられないものである。しかし、顧問の先生の思いをエピソードに込めて語ることで、その真意は伝わっていくものである。

次に、私が心がけていることは

顧問の先生に話しかけ、プラスの情報を入手する

ことである。たとえば次のようにである。

休み時間や放課後に、何気なく顧問の先生に話しかける。

「最近、○○君はがんばっていますか?」

するとこんな返事が返ってくる。

「声は誰よりも出ているんだけど、なかなか技術がね…」

すぐに本人にこれを伝える。

「顧問の先生が、『○○君は誰よりも声が出ている』って言ってたよ！」

それは事実だからである。このように、ときどき顧問の先生に学級の生徒の様子を聞く。本人にはいいことだけを伝えてあげればよい。プラスの情報は人を通すほどプラスに聞こえてくるものである。

こんなこともあった。ある部活の生徒のことを顧問の先生がこのように言っていた。

「前は、啓介（仮名）のことを『話をちゃんと聞いているのか?』と疑うことが多かった。どこかボーッとしていて、とてもチームを任せられるタイプではなかった。でも、夏ぐらいからどこか姿勢が変わってきた。今なら『勝負どころは啓介にかけよう』と思えるようになった」

啓介は、身の回りの整理整頓ができない生徒であった。「靴箱に靴をそろえて入れる」ことを春から徹底した結果、ロッカー内の整頓もできるようになった生徒である。

学級での変化と、部活での変化が重なった。そのことを顧問の先生にも伝えた。

「そういうことが、大切なのかもしれないなあ」

このことは即、学級通信でも紹介した。

ひとつのことを徹底した結果、部活でも期待される選手に成長したという事実。実名は出さなかったが、学級の誰もが「啓介のことだね！」と言っていた。

部活動も、生徒の貴重な成長の場である。顧問の先生と積極的に情報交換しながら、その成長を学級担任としても応援しよう。「先生はこんなところまで見てくれているのか」と、生徒や親にも感謝される。

〈北海道別海町別海中央中学校　**佐々木尚子**〉

## 【部活動指導（2）】休みの時は他の部活動に足を運ぶ

部活動に参加している生徒に、学級担任として何ができるか。私は次のことをオススメする。

自分の部活動の練習がない時は、他の部活動を見に行く。

放課後や休日は、自分の部活動指導で手一杯という場合でも、休養日や休憩時間にふらっとのぞきに行く程度で良い。

いつもの教室では見られない生徒の姿を発見することができる。そしてどうするか。

部活動での生徒の姿を学級通信に載せる。

教室ではおとなしくても、部活動では必死に声を出してはつらつとした姿を見せる生徒。

どちらかというと問題児だが、部活動ではひたむきに努力している生徒。

そんな「いつもと違う」生徒の姿を学級に伝えるチャンスなのである。

健一（仮名）はどちらかというと、普段はおとなしく、あまり目立たない存在であった。

しかし、放課後に野球をしている彼は別の顔を持つ。

「もう一丁！」

グラウンドには、土まみれになりながらノックのボールに飛びついている健一の姿があった。

額に血管を浮き上がらせて大声を出す健一は、全く別人のようだ。

女子生徒に話しかけられると、恥ずかしくて下を向いてしまうような、恥ずかしがり屋の彼の姿からは想像ができない。

一方、外野に目を向けると、昭夫（仮名）がノックの度に何度も何度もカバーに走る姿があった。

いつもはめんどくさがり屋で、いいかげんなことをして注意されることもしばしばある生徒だった。

そんな昭夫が、自分以外のプレーに必死になって参加している。

昭夫が野球部に入ろうとしたのは二年生の時であった。

入部当時の彼は、キャッチボールも満足にできなかった。

周囲は「あいつのことだから、やめるのは時間の問題」と思っていた。

しかし、彼はあきらめなかった。

練習中必死になって汗を流す姿を見て、私は彼のすばらしさを一つ発見することができた。

学級担任として胸が熱くなる思いだった。

放課後や土曜・日曜は、自分の部活動だけでかなり忙しい。できれば、自分の部活動が休みの時ぐらいゆっくりしたい、というのが本音である。

しかし、月に何回かでも良い。自分の部活動の休憩時間でも良い。

少し時間を作って他の部活動へ足を運んでみると、いつもとは違う生徒の姿を発見することができる。

そんな発見が、生徒とのつながりを作る一つの引き出しになるのだ。

部活動をのぞきに来た自分の姿に気づくと、生徒は「こんにちは！」と笑顔で接してくれる。生徒だってうれしいのだ。試合のときは、スポーツドリンクの差し入れなどをすると大喜びである。

翌日に試合や練習を見ての感想を話すと、会話にも花が咲く。

せっかくの良い話なのだから、一対一で終わるのはもったいない。部活動での生徒の姿を学級通信に載せると全体を巻き込むことができる。

あらかじめ通信を書くことを頭に入れておくと、視点も違ってくる。

漠然と見るのではなく、ささやかな場面でもいいから生徒をほめることができる場面を探すのである。

誰よりも早く道具の後かたづけをすませ、体育館を丁寧にモップがけする祐子（仮名）。

みんなのジャージを丁寧にたたみ、道具を整理する雅美（仮名）。

顧問の目を見て、何度も頷きながら真剣に話を聞く啓介（仮名）。

はじめは全く上手にできなかったのに、努力で才能を開花させた昇一（仮名）。

そんな様子を描写して学級通信に載せるのだ。

名前が載った生徒はニコニコしている。周りの生徒も仲間の良さを知ることができる。

少しの時間を作り、足を運ぶだけでこれだけ良いことがある。

自分の部活動がないときは、他の部活動を見に行くことをオススメする。

〈北海道根室市立光洋中学校　**大石貴範**〉

# 【生徒会活動（1）】見通しを持って指導できるポイント五

「学級役員の選出」の時には、はずすことができない指導のポイントが五つある。

このポイントを押さえていくと、教師が決まる見通しを持って指導することができ、時には学級がひとつにまとまるようなドラマに出会うこともある。

以下、私の実践を紹介する。

## ポイント一　学級役員選出の趣旨を生徒に説明せよ

私の場合、役員選出前日の朝の会か帰りの会に、生徒に説明をしている。学級通信を使って説明することもある。

「学級役員になれることは、値打ちがあることなのだ」、「学級のみんなのために動くことは、周りの生徒だけでなく、自分にとってもプラスになるのだ」というようなメッセージを書いておく。

さらに読み終わった後に、自分が中学校のときに学級委員を経験して、よかったことをエピソードとして話すこともある。

役員をやれば、自分にとってプラスになるということを生徒に伝えることで、生徒のやる気を高めるのである。

## ポイント二　役員選出日、選出方法を事前に生徒全員に示せ

一の場合と同様に、前日の朝の会か帰りの会で生徒に説明をする。学級通信を使って全員に伝えるように準備をしておくと説明する内容に洩れがなく、安心である。

私の場合、「明日は学級役員選出日であること」、「立候補で決めること」「立候補が重なった場合はじゃんけんで決めること」などを書いている。

こうすることで、生徒たちはどこの委員会に入るかを考えることができ、立候補する心づもりをすることができる。

私の経験では、こうした準備なしにいきなり「決めます」と言って始めても、生徒は困惑するだけでうまくいかないことが多かった。

## ポイント三　選出を終える目標時間を事前に示せ

例えば、「目標時間は三〇分です」というように学級通信

に書いておくとよい。

もしも、目標時間内にすべてを決めることができればそのことを「学級の力」として、大いにほめることができる。

また、目標時間を示すことで、立候補しようかどうか迷っている生徒にも決断を迫ることができる。

### ポイント四　立候補した生徒を思いっきりほめよ

私は、最低三回はほめる。一回目は挙手して立候補を表明したときである。

「すごい、○○さんはみんなの前で自分のやる気を示してくれました」、「立候補するのは勇気がいることです。その勇気がすばらしい」と言って学級全体の中でほめる。

「立候補すればほめられる、俺も私も立候補してみようかな」という雰囲気を学級内に作るのである。

二回目は選出の時間が終わった後、休み時間などに個人的にほめる。

「あそこで、○○君が立候補してくれたから、他の人も勇気を出して立候補したんだよ。すごいね」、「一番最初に立候補の手をあげるなんてすばらしいよ」というような話をする。

「学級に君がいてくれたから決められた」というメッセージを生徒に送るのである。

三回目は、学級通信でほめる。文章を通して立候補のすばらしさ、今後の期待を語るのである。

### ポイント五　待つこと、信じること

ポイント三で示したように、もちろん目標時間以内に決まるに越したことはない。けれども現実問題として、すべてが決まることはなかなか難しい。

そんな時は、安易に推薦やくじなどの方法をとらず、あえて立候補にこだわる。

「残念ながら、目標時間内に決めることができませんでした。だからと言って、本日中に決めるつもりはありません。先生はあくまでも皆さんのやる気を尊重します。ですから、ぎりぎりまで待ちます。もし立候補しようと思う人は、先生に言いに来てください」と言う。

「先生は立候補を待っている、君たちが立候補してくれることを信じている」というメッセージを生徒に送り続けるのである。

この五つのポイントを押さえながら、毎年学級役員を選出している。目標時間内にクリアーとまではいかなくても、幸いすべて立候補で決めることができている。

〈滋賀県五個荘町立五個荘中学校　**富士谷晃正**〉

## 【帰宅時（1）】まず、生徒を動かす

下校時間を知らせるチャイムが鳴る。校内の見回りに出かけると生徒が教室に残っていることがよくある。

それを「帰れ」と怒る必要はない。

一日の終わりである。笑顔で生徒を送り出したい。

怒らずに生徒を帰すポイントは

### まず生徒を動かす

ことである。

部活動も終わり、私は教室に向かった。

すると、誰もいないはずの教室から声が聞こえた。男女で会話が弾んでいるようだ。

教室の戸を開けると、机や窓に腰掛けて語りあう男女が数名、まだ帰らずに残っていた。

なにやら楽しい時間を過ごしていたのだろうか。生徒たちはニヤニヤしている。

「はい、そろそろ帰ろうね」

と声をかける。

「はーい」

と素直な返事だが、言葉とは裏腹に生徒の腰はなかなか上がらない。

放課後の教室。邪魔者は誰もいない。気兼ねなく話せるのは今の時間だけ…そんな気持ちもわからないわけではない。

だからといって生徒をそのまま校内に残すわけにはいかない。安全上の問題もある。

こちらも仕事を片づけて早く帰宅したい。帰ってもらわなくては困る。

しかし、そこで怒る必要はない。

私はおもむろに教室整備をはじめる。机や椅子を直しながらまだ残っている生徒に声をかける。

「○○君、机と椅子をそろえてくれる？　○○さんもいいかな」

すると生徒たちは一瞬「嫌だな」という顔をするが、手伝いはじめる。

これで第一の闘いはクリアである。

「ごめん、横の列そろえてくれる?」

などと、細かい注文を付け加えていく。

その仕事が終わったら、別の仕事を頼む。

「○○君、窓を閉めて」

「○○さんは黒板をきれいにして」

と、次々と仕事を頼んでいくのである。

大体きれいになったところで

「いやあ、助かった。ありがとう。じゃ、明日ね」

と礼を言う。

すると、生徒は「さようなら」と帰っていくのだ。

怒って帰すのではなく、ほめて帰すことができるのだから、こちらの方が雰囲気はずっと良い。

この指導のポイントは、

## まず、生徒を動かす

ことである。

生徒に何か作業をさせて、重い腰を上げさせるということが闘いの第一段階である。

素直な生徒なら、大体この方法で帰すことができる。

しかし、中にはそれでも帰らない兵《つわもの》がいる。

そのときに備えてもう一つのポイントがある。

## 面倒と思わせる

机をそろえさせる時に、細かい注文をつけたのはそのためである。

面倒と思うから生徒は帰るのである。

なかなか帰りそうにない場合は、大げさに次のように言う。

「じゃあ、残っている人で教室の大掃除やってもらおうかな」

「よし、先生とトイレ掃除するか！」

すると、生徒たちは「うわ、やばい！」と急いで帰っていくのである。

帰すのが主な目的なので、手伝う・手伝わないはここでは問題にしない。

だんだん慣れていくと、姿を見せただけで「うわっ、何かやらされる！」と逃げるように帰るようになる。

教師はその姿を笑って見送れば良い。

そういった度量の大きさも教師には必要である。

やんちゃにはやんちゃで対抗するのが、めっちゃ明るい下校指導である。

〈北海道根室市立光洋中学校　**大石貴範**〉

## 【帰宅時（2）】生徒の成長を発見するのが帰宅時の仕事

### 一　教室へ行き、「生活」を確認する

放課後の教室は、生徒の学校生活そのものである。落ち着いた学級であれば、机と椅子が整然と並んでいる。配布した印刷物が床に散乱していることもない。もちろん、黒板もきれいに水拭きされ、明日の授業を待っている。

こんなとき、翌日の朝学活で次のようにほめる。

> 昨日の教室もとってもきれいでした。これは、学級にいる一人ひとりの心が充実していなければできないことです。学級に力がある証拠です。これからも《学級の宝》として継続しましょう。

これだけで、気分良く一日をスタートさせることができる。明るい学級は、教師のほめる行為から育つと考えている。放課後の教室は、ほめるネタの宝庫である。

テスト前や学級行事の前には、黒板にメッセージを書くようにしている。

> 期末テストの一日目です。積み重ねた努力が結果に結びつくことを期待しています。心を落ち着かせて、テストに臨みましょう。

数行のメッセージであるが、生徒には大好評である。

どんな学級でも、一年に数回、落ち着きが失われる時期がある。大きな学校行事の前や長期休業前である。

放課後の教室を見れば、「黄色信号」を早期に発見できる。普段は整然と並んでいる机が乱れ始め、机に落書きが見られるようになるからである。そんなときは、机を整理し、消しゴムで落書きを消す。乱れた状態で一日をスタートさせないためである。学級では、次のように語る。

> 放課後、先生は三つの机を整理しました。力がある学級ならば、今日、この数がゼロになるはずです。みなさんの心に期待しています。

これだけである。長々と説教する必要はない。そして、できていれば「先生の期待に応えてくれましたね。ありがとうございます」と伝える。もし、できていなければ「今まできていたことが、なぜ、できなくなったのですか？」と問い

かければよい。怒鳴る必要は何もない。

## 二　一人でも多くの生徒に声をかける

部活動の指導が終わった後、できるだけ早く帰宅するようにしている。私は静かな場所でなければ仕事の能率が上がらない。成績や進路関係の仕事以外は、自宅でやるようにしている。だから、私の帰宅時間は部活動を終えた生徒と一緒になる。

> 今日も元気に声を出していたね。さすが三年生！
> 明日は大会だね。優勝目指してがんばってね！
> まだ包帯がとれないの？　早くケガを治すんだよ。

部活動の練習を終えた生徒に声をかけながら帰宅する。

中学校は教科担任制である。授業に入らない学級の生徒であれば、一度も会話を交わすことなく卒業式を迎えることもある。同じ校舎で三年間を過ごすのであれば、一人でも多くの生徒と接点を持ちたい。

練習が終わった解放感から、生徒は笑顔で返事をしてくれる。これなら、授業を担当していない生徒にも気軽に声をかけることができる。

部活動が休みの時は、他の部活動や少年団活動が行われている場に顔を出すこともある。教室では物静かな生徒が、練習では大きな声で指示を出していることがある。授業では目立たない生徒が、少年団活動では、小学生のお世話をしていることもある。普段の学校生活とは違った生徒の表情を目にすることができる。

## 三　地域に顔を出して情報を収集する

中学校の教育は生徒指導上の問題を抜きに考えることはできない。

帰宅途中、生徒が集まりそうな公園や公共施設に立ち寄ることを心掛けている。生徒がいれば、「帰宅時間だよ」と声をかけている。それだけでも、問題を未然に防ぐことができる。

また、管理人の方に挨拶をし、中学生の様子を聞くようにしている。ここ数年間継続した甲斐あって、「マナーを守って利用していますよ」という声が聞けるようになった。

とかく中学生は「問題を起こす」「迷惑ばかりかける」というイメージで見てしまいがちであるが、大部分の生徒は落ち着いた生活を送っている。

翌日、その様子は管理職に報告する。マイナスの情報だけではなく、こうしたプラスの情報を交流することで生徒の成長を見守っていきたい。

〈北海道別海町立中西別中学校　**染谷幸二**〉

# 第V章　めっちゃ明るいトラブル解決法

## 【忘れ物（1）】怒らない。報告させ、貸してあげる

忘れ物をしないようにさせることよりも大切な指導がある。

それは、

> 忘れ物をしてしまったときにどうすればよいかを指導すること

である。

生徒は忘れ物をするものだ、という視点に立って、対処の仕方をシステム化する。忘れ物をしたことを、いちいち厳しく指導をしない。

私は次のようにしている。

> 忘れ物をしたときには、必ず報告に来る

例えば学習用具を忘れたときには、授業が始まる前までに必ず私のところに報告させる。その際、

> 「事実」と「それで、どうするのか」を言わせる

ようにしている。

授業前の休み時間、生徒が私のところにやってくる。

「先生、教科書を忘れてしまいました」

これは「事実」の報告である。普通はここで教師の指導が始まるはずである。しかし、私はそのようにはしない。もう一言、生徒に言わせなくてはならない。こう聞く。

「それで？」

こう言われて生徒は戸惑う。言葉が出てこない。しばらく待って言葉が出てこないようだったら、もう一度言う。

「それで、君はどうするんですか？」

この一言で、生徒はなにを言うべきか理解する。

「友達に借ります」

「それで、どうするのか」の報告である。この生徒は、「教科書を忘れた」という事実と「友達に借りる」という対処法を報告したことになる。

ここで一つ、留意しなければならないことがある。この生徒は「友達に借りる」という対処法を述べたが、これを認めてはならない。生徒間で物を貸し借りすると、後でトラブルが発生する元となるからである。教師に報告しに来ないで、生徒間で貸し借りをする場合がある。これもやめさせなければならない。また、「隣に見せてもらう」と言うのも認めない。一冊の教科書を二人で見るのは、効率が悪いし、隣の生徒の学習する権利が奪われる。

生徒は、どうして教師に報告に来ないのか。教師に怒られるからである。あるいは、長々と説教されるからである。だから、報告に来ないのである。これがトラブルに発展し、たかだか忘れ物がもっと大きな問題に発展する場合がある。だから、生徒間の貸し借りはさせない。隣に見せてもらったりもしない。このことは、生徒に語っておく必要がある。

さて、「友達に借りる」と報告に来た生徒。この生徒の言い分は認めることができない。それではどうするか。

「友達に借りるのはだめです。先生の教科書を貸してあげます」

と言って、私の予備の教科書を貸してあげる。忘れ物に対しては

教師のものを貸してあげる

ようにしている。

私は、教科書を三冊持っている。一冊は、学校から配布されるもの。ほかの二冊は、自費で購入した。忘れ物をしたときの貸し出し用である。その他にも、赤ペンや消しゴム、ミニ定規など、生徒が忘れそうな道具を筆箱に入れて教室に持っていく、これも、貸し出し用である。

三日連続くらいで同じものを忘れた場合などには、多少の指導をすることはあるが、基本的に忘れ物に対して厳しく怒ったりすることはない。報告させ、貸してあげるだけである。

このシステムが機能してくると、生徒は、

「先生、教科書を忘れてしまいました。すみません。先生の教科書を貸していただけませんか」

と言えるようになる。ここまでくれば、私は「はい」と言って教科書を渡すだけである。忘れ物を怒る必要はまったくない。

授業が終わった後、生徒は、「ありがとうございました。次は気をつけます」と深々と礼をしながら教科書を返しにくる。私は、笑顔でそれを受け取る。このシステムなら、教師も生徒も忘れ物でいやな気持ちになることはない。

「貸していては子どものためにならない」という考えもある。しかし、私は逆に「子どものためになる」と考える。

教師が貸すことにより、生徒は恐縮し、同時に感謝をするようになる。生徒の中に自然と「次は忘れ物をしないようにしよう」という気持ちが育つ。「怒られるのが嫌だから忘れないようにする」という後ろ向きな気持ちではない。

教師も腹を立てない。生徒も怒られない。だから、明るく楽しく授業ができるのである。

〈北海道中標津町立中標津中学校　**山辺慎太郎**〉

## 【忘れ物（2）】みんな、先生のファンクラブメンバーだね！　握手！

忘れ物は叱らない！

教科書三冊、裁断したノート、鉛筆、下敷き、定規、コンパスなどを数セット、学習に必要な道具はすべて授業に持って行く。忘れ物をした生徒に貸し出すためだ。ルールは二つある。授業が始まる前に借りに来ること。「ありがとうございました」と言って返すこと。

私は授業の二、三分前には教室へ向かう。「おはようございます」あるいは「こんにちは」と大きく挨拶をして教室に入る。まだ休憩時間だから、生徒は、散らばっておしゃべりしたり遊んでいたりしている。にもかかわらず、忘れ物をした生徒は私に向かってすっとんでくる。一人や二人ではない。集団で。「○○を忘れました」とか、「△△を貸して下さい」と言うためだ。その様子は、ファンに取り囲まれるアイドルを連想してしまう（この場合アイドルとは私のこと。熱烈なファンは教室の前でお出迎えをしてくれる）。

生徒が何かを言い出す前に私から、「ファンクラブのみんな！　ごきげんよう！」と握手をしていく。現在担当している一年生は、やんちゃ君でも素直に手を差し出してくるからかわいい。二、三年生の男子生徒なら「ぎゃ〜」っと慌てて手を後ろに隠す。そんな生徒にも頭をなでなでして道具を貸し出して終了。「オレ、絶対、数学だけは忘れ物したくね〜」の憎まれ口にはにっこり笑って無視をする。

忘れていても、何も言ってこないツッパリ君もいる。教科書の音読をさせているとき、練習問題に取りかかったときなどに机間巡視をしながら近づいて、そっと机の上に教科書を置く。黙ってその場を離れる。肘をつき、顔を九〇度に背けている彼はすぐ教科書を手に取ろうとはしない。でも、気がつけばいつの間にか、教科書を開いて練習問題に取りかかっている。

道具の忘れ物には万事これで解決なのだが、宿題忘れに対しては笑顔で終了というわけにはいかない。宿題用ノートを別に作らせて宿題は毎回出している。二ページ分くらいの量になる。授業をテンポ良く進め、なるべく授業の後半に宿題タイムを取ることを目標にしているが、計画通りにはなかなか進まない。残りは家庭学習となる。

さて、いつものように笑顔で握手！

S「宿題をやってくるのを忘れました」

私「それで？」

S「……」

私「昼休みにやって放課後提出しますとか、明日までにやってきますとか、次の授業のときまでにやりますとか言わなくてもいいの?」
S「明日までにやって持ってきます」
私「はい、分かりました」
必ず、いつまでにやるのか約束させる。もちろん、ずっと笑顔。しかし、約束をきっちり守る生徒は五割くらいだ。残りは約束をしたことすら忘れている。次の授業のときはこう指導する。
私「S君、いらっしゃい」(優しい声で)
私「この前の時間、先生と約束したことがあったよね」
S「あっ、忘れていました」
私「どんな約束でしたか?」
S「明日までに宿題をする約束です」
私「その約束は守れたのですか?」
ここからは、相手の目を見て、声のトーンを下げ、真剣な表情で語りかける。
私「宿題を忘れましたと言ってきたとき、私は君を叱りましたか?」
S「いいえ」
私「バカだとかひどい言葉を君に投げつけましたか?」
S「いいえ」
私「私は、宿題を忘れたことを正直に言ってきた君のことを偉いなと思いました。うっかり何かを忘れることは誰にでもあるでしょう。人間だから。でも、君は正直に言って、さらに明日までにやると約束をした。自分の行動に責任を取ろうとする態度が立派でした。君のことを誠実な人だと思いました」
私「君は、自分がやったことがどういうことかが分かっていますか?」
私「君は、私の信頼を裏切ることをしたのです。それとも、君は嘘をついても心が痛まない人間なのですか?」
S「いいえ」
私「口先だけでその場を逃れて平気な人間なのですか?」
S「いいえ」
私「じゃあ、どうするの」
S「明日までにやってきます」
私「え〜、明日まで?」
S「今日中にやって出します」
私「そうだよね。待ってるからね」
宿題忘れも、人としての生き方に関わるという観点で指導する。最後に「約束を守って偉かったね」とにっこりしてノートを受け取る。

〈愛媛県松山市立鴨川中学校　**越智鈴穂**〉

## 【遅刻（1）】三段階で指導する

遅刻の理由はさまざまである。中には家庭的な問題を抱えている生徒がいるかもしれない。しかし、その多くは本人のちょっとした不注意である。だから私は次の三つのステップをとっている。

| 一回目 ＝ くどくどと叱らない。笑顔で対応する。 |
|---|

勤務校では八時一五分のチャイムが鳴るまでに玄関に入らないと遅刻となる。遅刻した生徒は職員朝会の間、職員室前のホールで待機することになっている。ほとんどの生徒は素直に待機しているため、強い指導はほとんどしたことがない。たとえば次のような感じである。

■パターン1

私「（無表情で）おはようございます。どうしましたか」

生徒「すみません。寝坊しました」

私「ねぼうぉ〜〜〜〜!?（大げさに驚く。ここでびくっとする生徒もいる。そんな生徒がかわいいな〜と思う）…以後気をつけなさい（ここは普通に）」

生徒「はい」

＊悪いと思っているなら「はい」と言わせて終わり。

■パターン2

私「（無表情で）おはようございます。どうしましたか」

生徒「寝坊しちゃった！」

私「やり直し。『寝坊してしまいました』」

生徒「『寝坊してしまいました』（笑）」

私「もう一言」

生徒「もうしません（笑）」

私「もう一言！」

生徒「え？ ごめんなさい!?」

私「よし合格（笑）」

＊きちんと報告させる。一応『悪いことをした』のでそれ相応のことをやらせる。もしも体がふらふらしていたり、頭をかきながら言っていたら「気をつけ」といって姿勢を整えさせる。

■パターン3

私「（無表情で）おはようございます。どうしましたか」

生徒「ちょっとおなかが痛くて…」

私「あららら。下痢かい。大変だよねー、わかる！ トイレと友達になっちゃったんだ。いや〜、かわいそう！」

生徒「いえ、違います。先生、あの…違うってばー！（困）」

私「あ、違うの？（笑）どうしたの？」
生徒「おなかが痛かったので、様子を見てから来ました」
私「そうか。大変だったね。わかりました。それは電話一本くれればいいことです。でも遅刻は遅刻だからね、一言どうぞ」
生徒「すみませんでした」
＊自信なさそうに「おなかが痛くて…」などと中途半端に言う生徒には、このように断定して返す。きちんと最後まで言わないと、私に決めつけられるから大変である。生徒には「先生、下痢好きだよね～」と言われている。

二回目＝毅然とした態度で臨む。

遅刻も二回目になるとそうはいかない。一回目と同様、『遅刻の理由』『謝罪の言葉』『これからどうするか』を必ず自分の口から言わせた上で、次のように言う。
私「ところであなた、遅刻何回目？」
生徒「二回目です」
私「自分の力だけでどうすることもできないのなら、家の人に協力してもらうしかありません。また同じようなことが続いたら家庭に連絡をします。いいですね」
生徒「はい」
＊これは、真顔できりっという。生徒に『まずいな』と思わせるのである。

三回目＝保護者に連絡を取る。

遅刻も三回目となると、本人の力だけではどうにもならないことが予想される。生活の乱れがあるかもしれない。だから家庭に連絡する。その時に注意すべき点は『悲壮感を漂わせない。事実だけを簡潔に述べる』ことである。例を示す。
「中央中学校の佐々木です。いつもお世話になっております。実は、少し気になることがあってお電話しました。
○○君がここのところ、遅刻が続いているのです。先週は寝坊、今週は腹痛ということで昨日と今日、遅れて来ました。学校では授業や当番活動などはしっかりやっていますが、ご家庭での様子はいかがでしょうか？」
最後の二行がポイントである。学校でよくやっているところをさりげなく伝え、家での様子を聞かせていただくというスタンスである。決して家庭を責めるために電話をするのではない。
「ありがとうございました。何かありましたらいつでもご連絡ください」こうして家庭との信頼関係も築くのである。

〈北海道別海町立別海中央中学校　**佐々木尚子**〉

## 【遅刻（2）】遅刻には明るく対処しよう！

朝、生徒が遅刻してきた。

「遅い。もっと早く来なさい」

生徒は、不機嫌そうな顔をする。反抗的な生徒なら、「うるせーな」と一言もでる。もっと明るく、遅刻に対応してゆきたい。

遅刻した生徒に、次のような対応はいかがだろうか？

### 一　遅刻が減ったらほめる

普段からの遅刻常習犯。毎朝、遅れて教室に入る。

原因は、夜更かし。いつも遅くまでテレビゲームをしている。

そのような生徒。たまに早く来た時には、思いっきりほめたい。

> 「○○さん。今日は時間通りに登校だね！　えらい！
> 昨日は何時に寝たの？　一一時に寝たんだ。それがよかったんだね！　明日も頑張ろうね！」

すぐには効果がでない。

しかし、少しでも生活の改善を促すきっかけになる。

### 二　一発芸

ＴＯＳＳ中学英語事務局の田上善浩氏の実践である。

生徒にそう宣言する。

> 「遅刻した人は、一発芸です」

生徒は皆、必死になる。

翌日から、遅刻が激減する。

これは、あまり本気でやってはいけない。

あくまでも、ユーモアですまされる範囲で様子を見ながら行う。

元気者が遅刻すると、皆、拍手喝采！

遠慮なく一発芸をやってもらう。結構楽しんでやる者も多い。

女子が遅刻して、一発芸を嫌がるとする。

> 「ピンチヒッターＯＫです。だれか、代わりにしませんか？」

そのときは、ピンチヒッターを募る。

結構元気者が出てきてやったりする。

本気で、女子に感謝される。

誰もいなければ、あっさり言う。

> 「では、今日は特別に、三年に一回しかやらない、私の一発芸を見せましょう」

拍手喝采となる。

「いいか、一瞬で終わるから、よーく見ておくんだぞ」

もったいぶらせながら、下敷きを顔の前に持ってくる。

下敷きの上のラインに眉を合わせて、眉を上下に動かしながら右にずれていく。

そして一言。「毛虫の行進」

これが結構ウケる。

## 三　教師の手伝い

理科の授業で、生徒が遅刻して理科室に入ってきた。

あまり悪びれた様子ではない。

そこで、その生徒を演示実験の実験台にする。

例えば、水素の爆発の実験である。

手のひらのシャボン玉に、水素と酸素を混合し、火をつけて爆発させる実験である。

> 「遅刻した勇気のある○○君に、実験台になってもらおう」

やんちゃな男子生徒なら、よろこんで前にでる。

手のひらで爆発させると、ものすごい音が出る。

実験台の生徒は驚きで目を丸くする。

次回から、遅刻者が激減する。また、理科の授業が楽しみになる生徒が多くなる。

## 四　チャイム着席を調べる

チャイムが鳴ったら、席についておく。

そのような取り組みをクラス全体で行ってみるとよい。

> チャイム着席連続記録をクラス全体で毎日取り組む。

クラス全体で取り組むことで、クラスに団結力が生まれる。

遅めの生徒は、がんばって席につこうとする。

早い生徒は、遅い生徒に席に着くよう促す。

何日か続くと、もっと記録を伸ばそうと、皆必死になる。

クラスの雰囲気も良くなる。

万が一、記録が続かなくても、その日からまた一から頑張るよう励ます。

遅れてしまった生徒にも、何らかのフォローが必要である。

〈岡山県倉敷市立玉島西中学校　**山本芳幸**〉

# 【携帯電話の持ち込み（1）】「頭を電子レンジに入れているのと同じだよ」

## 一　視点を変える

携帯電話を学校に持ってきてはいけないことなど、中学生はわかりきっている。

でも持ってくるのが中学生、やんちゃ生徒である。そんな子には視点を変えて指導する。

中学生の携帯電話使用は、次の段階を経る。

遊び→異性との会話・メール

指導もこの段階で別々の方法を取る。

## 二　見せびらかす本能を利用する

友だちが持っているから、自分も携帯電話を持っているという中学生が多い。「みんな持っているから、買ってよ」とせがまれて、買い与えている親がいる。その「みんな」を確かめることなく、二、三人のことが多いのに。

持っているものは、見せびらかしたくなるのが、中学生だ。学校や部活の試合の時に持ってくる。

そんな時、いつもと様子が違って、教師の行動をちらちら窺ったり、ひそひそ話をしたりしている。「何かあるな」と感じる敏感な教師でいたい。

教室の角に二、三人固まって、廊下から見られないようにして携帯電話を見せびらかしている。ここで頻繁に教室や廊下に行っている教師とそうでない教師の差が出る。よく行く教師は廊下を通った時、何かをすばやく隠す動きを見つけられる。すぐそばに行き携帯電話を確認する。確認できない時は、本人に聞いたり、周りにいた友だちに個別に聞いたりすると正直に教えてくれる子がいる。携帯電話を持ってきた生徒の指導はここから始まる。

## 三　「電子レンジと同じだよ」

担任だったら、日頃の観察からその生徒がどのような生徒か理解している。携帯電話を買ったばかりの時は、買った経緯や持ってきた理由をきちんと聞く。そのあと、次のように語る。

携帯電話の電波の正体は電磁波。これは、台所にある電気製品と同じ。何と同じだ？　実は電子レンジと同じなのだ。電子レンジは何をするためにあるの？　食べ物を温めるため。携帯電話と電子レンジの電磁波は同じマイクロ波を使っている。だから、**携帯電話を使うと頭を電子レンジに入れているのと同じ**ことになるんだよ。頭を温めてしまう可能性があると言われている。特に影響を受けるのが目と言われている。
　もう一つ影響を受けやすいところがある。睾丸だ。電磁波を利用した仕事をしている男性の精子の数が少ないという研究報告もある。結婚して困ることのないようにね。

　小さな携帯電話が、電子レンジと同じ作用を人体に与えているかもしれないことに生徒は驚く。

## 四「本当のコミュニケーションは」

　寝るのを忘れて携帯電話で会話やメールをしている生徒がいる。女子が多い。家で使うだけでは飽き足らず、学校まで持ってきて、教師の目を盗んで使っている時がある。持ち込んでいたことがわかったら、次の話をする。

**コミュニケーションはハートとハートでする。話を直接見ながら、この人はこういうのが好きなんだろうな、こういう風にやったら合うんだろうな、そういう風に合わせながらお互いに近づけるという方法が、ハートとハートのコミュニケーション。**

（参考文献
『もう声なんかいらないと思った』大橋弘枝著　出窓社）

　聴覚障害を持ちながら女優として活躍している大橋弘枝氏のコミュニケーションについての考えだ。大橋氏は、手話ではなく口話で会話をする（口話と言うのは、健聴者と同じ様に声を出して話をすること。読話は相手の口の動きを見て話を読み取る）。直接会話の大切さは、健聴者の何倍もわかっている。その人の言葉は重い。
　携帯電話のコミュニケーションは所詮間接会話である。直接会話の大切さに目を向けさせたい。
「近い将来、好きな人に愛を語る時、電話ではなく、目と目を合わせて話したいよね。その時、本当の愛を語れる力をつけられるように、携帯電話を使うのは控えたほうがいいね」
　最善の指導は、持ち込ませないこと。先手を打って、電磁波とコミュニケーションの話を授業することが望ましい。

〈鹿児島県垂水市立垂水中学校　**柏木博之**〉

## 【携帯電話の持ち込み（２）】真顔で危険性を伝える

向山学級の子どもは（どんな非行に走っても）シンナーだけはしなかったという。シンナーのおそろしさを小学校の段階でしっかりと学習した子たちは、その後どんな状況になっても自分を守る最後の一線は超えない。

身に危険がおよぶ問題は、できるだけ早い段階で授業する必要がある。

それが明るくトラブルを解決するための素地になる。

### 一　携帯電話使用の原則

携帯電話が悪いのではなく、その使い方が問題なのである。私の勤務校でも次を原則としてきた。

> 携帯電話を学校へ持ってくることは禁止。持ってきた場合は没収し保護者に引き取りに来てもらう。

勤務校は徒歩か自転車で通学できる範囲である。学校には公衆電話もある。家庭連絡に携帯電話は通常必要としない。

このことは入学説明会で保護者にきちんと伝えられる（ただ例外として特別な事情があり保護者が申し出る場合は別途対応する）。

### 二　あらかじめ生徒に指導すること

携帯電話についてできるだけ早い時期に次の指導をする。

> ①　携帯電話の危険性
> ②　携帯電話使用のマナー

学活で指導するのがよいだろう。

この指導に最適の授業案がインターネットランド（http://www.tos-land.net/index2.php）から手に入る。ナンバー検索２２１０２７９木野村寧氏「携帯電話の罠とマナーを教える」がそれである。

このサイトで次のような授業ができる。

> 携帯電話は便利な反面、「出会い系サイト」「携帯電話依存症」「ネットストーカー」など、多くの罠が潜んでいる。それを教えると同時に、正しい使い方やマナーも考えさせる授業。

木野村氏はこの授業の最後に次のように語っている。


あなたたちは、「携帯電話が欲しい」と考えている人がほとんどだと思います。すでに、自分の携帯電話を持っているという人もいます。

「テストで良い点を取ったら買って」とか、「友だちはみんな持っている」とか、親に訴えている人もいるでしょう。興味があるのはわかります。自分の携帯電話が欲しいという気持ちもわかります。

しかし、先生は中学生には、まだ必要ないと思っています。もう数年、待てませんか？

そのくらい待てないようでは、悪の罠に引っかかる可能性が大だと先生は思います。悪魔は、自分の都合しか考えられない人間の、心のすきを目がけて入り込んでくるのです。


このような授業を一度しておくと、携帯電話でトラブルが発生しても生徒への話し方が全然違ってくるだろう。

また同じくナンバー検索２２１０２６８山本真吾氏「あなたは携帯電話に使われていませんか」もお勧めである。

授業で使っても良いし、学級通信、あるいは保護者懇談会で使っても良いだろう。じっくりと読み聞かせて皆で考えることができる。

## 三　トラブルが発生したら

それでも携帯電話のトラブルは発生するだろう。指導の軸はぶれない。携帯電話は没収し保護者に引き渡す。

生徒の指導で明るくするなら「携帯電話依存度チェックをしてあげよう」といってＨＰのチェック表を出す（上述の木野村論文にアクセスすればリンクがはられている）。

依存度が高ければ、

「たいへんだ！　あなたは危険な現代病にかかっている！　このままではまじで本当に危ないです。効く薬はただ一つ。携帯電話を封印することです。どうしますか？」

そう高くなければ
「まだ症状が進んでなくてよかった。でもじわりじわり体がむしばまれている危険性があります。どうしますか？　このまま同じ使い方をして病気を進ませますか？」

まじめに大げさにやる。前述の授業をやっていれば生徒にはかなりこたえるだろう。やっていなければその場で話してやればよい。自分の気付いていない病気の危険性が本当にあることを教えてやる。


〈兵庫県加古川市立平岡南中学校　**大北修一**〉

# 【茶髪（1）】教師のペースに巻き込んで対応する

## 一　生徒の土俵で闘わない

茶髪の生徒は、そこにたどり着くまでに様々な問題行動を起こしてきている。そして、その時その時の場面で教師が、家庭が適切な対応をしてこなかった故に、茶髪へとたどり着いてしまった場合がほとんどだ。

いきなり指導を入れようとするのは不可能に近い。教師への反抗もお手のもの（？）なので、結局のところ直すことなく、指導もあいまいになってしまう。

さらに、生徒自身が茶髪にこだわりを持ってしまっていることが多い。茶髪であることに人生をかけてしまっている。それを変えさせようというのだから、莫大な労力を必要とする。それでも、直すとは限らない。

茶髪は目に見えて反抗しているというのがわかる。是が非でも直させなくてはならないと思ってしまう。つい、強く出る。そして生徒とぶつかる。「お前、うっせぇー」と決別し、二度と指導が入らなくなる。これではダメだ。

大切なことは、

> 教師が真っ向から勝負しないこと。

やる気満々の状態の生徒と、同じ土俵に立たないことが大切である。向こうが力でくるのならば、こちらの武器は笑顔である。話術である。そして、じっくりと指導のチャンスをうかがいたい。

## 二　明るく、まずは「あいさつ」

「おはよう」「元気してる？」

簡単なあいさつは、いつでもできる。普段こちらからするようにしておけば、不自然さはない。

茶髪にしている生徒は、落ち着いている時には気の良い生徒が多い。根っから悪いヤツ、というのはそういない。

「うん、元気にしてるよ」

「うん？」

「あ、はい。元気にしてます！」

ちょっとした言葉遣いを直しながら会話ができる。

「しかし、相変わらず個性的な髪の色してるなぁ」

「絶対お前には黒が似合うと思うんだけどなぁ」

「まぁ、またちゃんと直しておけよ」

短い指導（会話）を続ける。あくまで、明るく、明るく。

生徒も機嫌が良い時なので、「分かりました～」といった感じで話が進む。

ちょっと気に障るような表情をした時には、その場の会話はサッと切り上げる。わざわざ長引かせて、ミゾを深くする必要なはい。

もちろん、最初のあいさつの時点で反応が無かったらそれっきりである。余計な会話はしない。見極めて何もしない、ということも指導である。

## 三　「スキンシップ」できっかけを作る

同性ならば、スキンシップをとることも有効である。もし暴れた出した時にも、普段からスキンシップをとっていれば取り押さえても生徒は反抗しにくくなる。

「きれいな爪だねぇ」

「でっかい手だなぁ」

と、比較的触れやすい手から攻める。いきなり髪を触ったり、ということは難しい。

話をしながら、トンと体を当ててみたり、「そりゃないだろ！」と頭をペチンとしたりする。こうしたことは、そうそう気にされることはない。そこで、

「何か、髪がガサガサ、パサパサしてるな」

「ちょっと傷んでるんじゃないの？」

「お前、まだ若いんだからさ、気を付けないと」

「先生、大学の時に染めててさ。ほら、これ。こんなに白髪出てきちゃったんだよ。な、多いだろ？」

「まぁ、半分くらいはお前が苦労かけるからだけどな」

頭皮を傷める、と言っても生徒に響かない。自分や知人のエピソードを、ユーモアを交えて伝えると効果的である。

## 四　周りの生徒を巻き込んで「その気にさせる」

以前、髪の色を戻してきた女子生徒が、職員室に報告に来た。その時、居合わせた生徒たちが、

「あ、髪の毛、黒にしたんだ」

「こっちの方が断然カワイイよ」

「よく似合ってるよ」

と、ほめちぎってくれた。その時は偶然であった。しかし、私が言うよりもはるかに効果があった。しばらくの間、その女子生徒は黒いままの髪で過ごしていた。

教師の「よし、よく直してきた！」という一言ではもったいない。生徒が気にするのは、教師の評価ではなく、周りの生徒の評価である。みんなから「それがいい」と認められてしまったら、なかなか元に戻せないだろう。

時には、このように周りの生徒の力を借りて指導を行うことも有効である。

〈鳥取県東伯町立東伯中学校　**真山元樹**〉

# 【茶髪（2）】殺虫剤の一七〇倍！　染毛剤の毒性を指導して先手を打つ

## 一　「髪を染めたりなんかしたくない」と思わせる

茶髪で登校してきた生徒に対する指導は「校則だからダメ」「中学生らしくない」「校則を守っている生徒が馬鹿を見る」「校則違反は進路に響くぞ」と説教じみた言葉で生徒にしぶしぶ言うことを聞かせるというパターンが多い（それでも何もしないよりは何倍もマシであるが）。

> 染髪に限らず校則違反の生徒に対する事後指導は当然行うのだが、校則違反をしないようにする事前指導・予防指導はそれ以上に大切である。

ここでは染毛剤の毒性を伝え、髪を染めるチャンスをうかがっている予備軍の生徒に歯止めをかける指導を紹介する。

## 二　知られていない染毛剤の毒性を教える

学活などで次のように問いかける。

> 発問一　茶髪にしたり、髪の毛を染めたりすることにちょっとでも興味がある人？

何名かの手があがる。理由を聞けば「かっこいいから」「〇〇〇〇（有名人やスポーツ選手）もしているから」「親や兄弟もしているから」などの意見が出る。

> 発問二　髪を染めると髪の毛は健康になりますか、それとも傷みますか。

挙手で確認をとる。ほとんどの生徒が「傷む」に手をあげる。

> 髪の毛を染める毛染め剤は、除草剤の成分に近いのです。除草剤を草にかけると草は枯れていきます。非常に強い毒性を持っています。ベトナム戦争では兵器として使われたくらいです。

「え、そんなの頭にかけて大丈夫なの？」という声が生徒たちから上がる。

> 毛染め剤の毒性は、除草剤の約三〇〇〇分の一です。
> 「それじゃあ大したことないじゃないか」と思うかも知れません。
> しかし、除草剤そのものの毒性は、殺虫剤の五〇万倍です。
> （板書…五〇万×三〇〇〇分の一 ＝ 約一七〇）
> 毛染め剤の毒性は、みなさんの家庭にある殺虫剤の約一七〇倍なのです。

「げ〜！」「気持ち悪っ！」「俺、兄ちゃんに染めるのやめろって言おう！」叫びにも似た声が聞こえてくる。

> 傷めつけられるのは髪の毛だけではありません。毒は頭皮から体内に入り込み、今度は皮膚や内臓を攻撃し始めます。髪は茶髪にしてかっこよくしたつもりでも皮膚はどんどん荒れていきます。
> また、もし仮にみんなが茶髪にしてきたとしたら、先生も身体に悪いと知っていながらみんなの髪を毛染め剤を使って黒く染め直し、さらにみんなを不健康にしなくてはならなくなってしまいます。そんなことはしたくないのです。

さらに、自分一人が不健康になって済む問題ではないことを伝える。

> 先ほど、ベトナム戦争では除草剤や枯葉剤が兵器として使われたと言いました。実はそのことが原因で、ベトナムではたくさんの奇形児が生まれるという悲劇が起こりました（必要であれば奇形児について簡単に触れる）。
> いずれみんなは大人になって子どもを授かることになるでしょう。その時、今のみんなの軽はずみな行動が原因で子どもが不幸を背負って生まれてくることになったとしたら、みなさんは責任を取れますか。
> お洒落をすることに興味や憧れをもつことは決して悪いことではありません。しかし、髪を染めることに関しては、取り返しのつかないことになる可能性があります。そのことだけは知っておきなさい。

何がきっかけで髪を染めてくるかは人それぞれだが、ここに紹介したような指導も一つの抑止力としては効果的である。すでに茶髪にしてきた生徒でも教師との人間関係が築かれていれば、このことを語ってもよい。「そんなん知らなかった。先生早く教えてくれればよかったのに」まったくその通りである。反省…。

〈山口県光市立浅江中学校　**青木英史**〉

# 【ピアス（1）】事前指導が生命線である

実際にピアスをしている生徒に、ピアスをはずさせるのは至難の業である。

大抵は素直に応じず、押し問答が始まる。

このようなことが続くようになると、気力体力共に消耗し、嫌になってしまう。

つまり、生徒がピアスをするようになってから指導するのでは遅いのである。

では、どうすればいいのか。

## 事前指導で先手をうつ

のである。


生徒がピアスをするようになる前に、教師が先手をうって語るのである。

四月。新年度の始まりである。生徒は新たな気持ちで学校にやってくる。

「今年はがんばるぞ！」

生徒はやる気に満ち、教室の雰囲気も良い。

教師の指導も素直に受け入れる。

こういう状態が三日間続くという。

向山洋一氏はこの三日間を

## 黄金の三日間

と呼ぶ。

この時期に学級のルールやしくみを作るのが、学級崩壊を防ぐ最大のポイントだ。

この時期に、ピアスのことを語っておくのである。

生徒が素直な時期に語ることで、指導も通りやすくなる。

例えば次のように語る。


中学生になるとね、「かっこよくなりたい」とか、「かわいくなりたい」とか、思うようになります。

先生だってそうでした。

人間が成長していく過程で、それは誰にでも芽生えるあたりまえの感情です。

テレビだとか、雑誌を見たりして、おしゃれに目覚める人も多いと思います。

中には、「髪の毛の色を変えたいなあ」とか、「ピアスの穴をあけたいなあ」と思っている人もいると思います。

でも、みんなもわかっているとおり、学校の決まりで茶髪やピアスは禁止されています。

残念ながら普段の生活では、決まりを勝手にねじ曲げて茶髪にしたり、ピアスをして学校に来る人がいます。

しかし、中体連の大会や、高校受験の時も、みんな直して本番に臨んでいます。

不思議なことに、普段茶髪やピアスをしている人も中体連や受験の時はしっかり直すのです。

自分自身でいけないことだとわかっているのです。

でも、そういう人に限って、注意された時に「俺のポリシーだ」と言います。

「じゃあ、その格好で受験にいくのか？」と聞いたら、黙ってしまいます。

それで結局は、自分のポリシーだと言っておきながら、中体連の時や受験の時はあわてて直すのです。

何かかっこわるいですね。

「だったらはじめからやるな」と思ってしまいます。

そういうのを「中途半端な生き方」と言います。

今、みんなは正しい姿で学校に来ています。


それが一番かっこいいですよ。一番かわいいですよ。

年度初めの時期、生徒はこのような話を真面目な顔して聞いている。

それでも当然、ピアスをする者は出てくる。出てきて当然だ。

しかし、前もって「ピアスは認めない」という語りをしていると、指導はずいぶんとしやすくなる。一年生ならば、

「ピアスは認められないことは知っているよね」

「じゃあ、はずしなさい」

これだけですむのだ。


荒れている学年や、持ち上がりの学年の場合は、指導されても、なかなかはずさない者がほとんどだ。

反抗し、生意気な口をたたく者もいる。

そんな時は、無理をしないことだ。

「じゃあ、先生がとってあげようかぁ？」

と、視点を変えた対応をすることが多い。

ピアスを日常的にしているという時点で手遅れである。

節目の行事などでは、ピアスをはずさせる、という方針に切り替えることがほとんどだ。

だから、そうなる前の事前指導が生命線なのである。


〈北海道根室市立光洋中学校　**大石貴範**〉

# 【ピアス（2）】黙って右手を出し続けられるか

学校には一般的な社会から見て「そんなことぐらいいいじゃないか」「三〇年前と変わらないんだな」、挙句の果てには「ばかばかしいことをいつまでやっているんだ」と考えられるルールや慣習がある。

男女別名簿もその一つだ。体育の授業のためだけに存在しているようなものだ。共学校で名簿を男女別にしているのは、日本とインドぐらいだ。

そして、ピアスも諸外国では、生まれたばかりの赤ちゃんがすでにつけている。外国の英語などで、化粧、アクセサリーが当たり前の様子を見ていると、実際のところは知らなくても、感化されることも多い。

「ピアスをしていても誰にも迷惑をかけない」「茶髪にしても誰にも迷惑をかけない」という考えは、年々強くなっている。それは、子どもだけではなく、保護者も同じだ。

この一般的な考え方と学校側の考え方には、ギャップがあることを認識した上での指導が必要である。

教育熱心、学校の行事等にも積極的に参加し、担任の私もよく理解し応援してくださるすてきな保護者だった。

しかし、「うちの娘は、あまりにしゃれっ気がなく、少しはしゃれっ気を持ってもらいたい。自分のことをもう少し、気にしてほしい」という思いから、子どもと話をして、髪の毛を染めたとお話し下さった。

こんなことは珍しくない。女の子なら、髪の毛で耳を隠すような髪型にしてピアスをはめる。すると特に男性の先生をごまかすことはとっても簡単だ。

確かに学校には、世間一般で認められているにもかかわらず、学校だけが認めてないことがあります。髪の毛を染める、ピアスやアクセサリーもそうです。

「私の自由ではないか」「別に悪いことではない」「誰にも迷惑をかけないのに」と考える人がいることも承知です。しかし、社会のルールは私たちを守るためにあります。そのルールは時としてめんどくさかったり、まどろっこしかったりする時もあります。しかし、ルールはそれが存在する時には、守るべきものです。ルールも人間がつくります。間違うこともあります。ルールが間違っていたら、訂正すればいいのです。

その訂正は、こそこそとやるのではないのです。堂々とやるものです。どうしてもあなたたちの今の人生にピアスが必要なら、それを先生たちに堂々と実証しなさい。先生は、あなたたちの中学校での生活にどうしてもピアスが必要なら、考えます。

同時に先生は、あなたたちにどんなに小さなことでも社会のルールは、きちんと守れる人になってもらいたいのです。罰が与えられるとか、人が見ていないからとこそこそと態度が変わる人間になってもらいたいとは思いません。そして間違ったことを堂々と正せる潔い人間になってもらいたいのです。だから、まず学校にあるルールを守った上で、堂々と正面から立ち向かっていける人になってください。

とことあるごとに話をする。

先の保護者も家庭訪問で同じ話をした。

「先生のお考えがよくわかりました。私の方法は、子どもにルールを勝手に破っても構わないと教えていたことになり、恥ずかしい限りです」とご理解いただいた。

それでも、全員がわかるまでには時間がかかる。保護者もしかりである。時には保護者の理解が得られないこともある。それは一部であり、ほとんどは理解できる。しかし、

理解　≠　実行

子どもたちも認められていないということは知っている。校内でど派手なピアスをすることは一部を除いて、ほとんどない。耳の穴をふさがないようにするための透明のプラスチック製のものが多い。

見つけたら、「ピアス」といって、手を差し出す。

嫌な顔をするだろう、時には逃げることもあるかもしれない。しかし、次に見つけた教師が同じことをする。それを全員の教師で繰り返す。来る日も来る日も教師全員で繰り返す。素直にはずしたら

「ＯＫ。素直だ」

とほめる。これを繰り返す。透明のピアスも山のように持っている。それを粘り強く一つずつお預かりする。

「先生、私のやん。泥棒！」という言葉にも「卒業の時にお返しするね」とにっこり短く答える。生徒の答えにひるむ教師もいるだろう。でも次の教師が、手を差し出す。私の指導で絶対にはずさせなくてはと意気込む必要はない。大事なのは、「手を差し出し続ける」ことである。

〈兵庫県加古川市立平岡南中学校　**向井ひとみ**〉

# 【ミニスカート・制服の変形（1）】最もよくないのは、「何もしないこと」

制服を変形させて登校した生徒がいた場合、すぐに担任が車に乗せ、自宅まで送り届けるという学校を知っている。

このように、組織だった指導ができている学校は、強い。もし、服装違反をしてきた生徒が出ても、その学校のルールに従って、その指導の流れに乗ればよいからだ。

困るのはこのような指導の流れができていない学校である。私の以前の勤務校は、服装に関して「中学生らしい着こなし」という、なんとも曖昧なルールしかなかった。

このように、服装指導が実質上、教師一人一人の「責任感」に任されている場合、どうすればよいのだろうか。

## 一　明るい服装指導の基本とは

「服装の乱れは心の乱れ」とよく言われる。当たっている部分もあるし、そうでない部分もある。ミニスカートの女の子が、一生懸命掃除をしていることもある。腰パンの男の子が、進んで荷物を持ってくれることもある。服装指導をしているうちに、その生徒の人格までを否定してしまうことは、あってはならない。また、服装指導が原因で、教師と生徒が、いがみ合ってはならない。

この基本を貫けば、指導も自ずと明るくなる。

## 二　最もよくないのは「何もしないこと」

生徒は、実によく見ているものである。どの先生に、どこまでやれば叱られるのか、ちゃんとわかっている。

一見、服装違反に寛大な先生ほど、生徒に慕われ、信頼されているように見える。しかし、実はそうではない。そのような先生が、どうしても服装指導が必要になった時、「スカートの長さを正しくしなさい」などと言おうものなら、「いつも注意しないくせに！」と一気に不信感を持たれるだろう。大人の「見てみぬフリ」を、中学生は最も嫌う。最もよくないのは、制服を変形させて登校した生徒に、何もリアクションをしないことなのだ。

## 三　初めての場合は、「心配」する

「心配」とは、「心を配る」こと。誰だって、心を配ってもらうと、うれしい。入学式の日から、制服を変形させて登校する生徒は、まずいない。とすると、どの生徒にも、「初めて変形させて登校した日」があるはずだ。

私が経験したのは、三年生の先輩が、修学旅行で登校しない日、一年生の女子数名が、突然ミニスカートで登校した、というケースだ。担任ではなかったが、授業でその学級に入るなり、びっくりしてこう言った。

「○○さん、△△さん、□□さん。……どうしたの？　昨日の服装と全然違うよ。……何かあったのかい？」

「ええ、いや……、あの、ちょっと……」

ミニスカートの女子生徒は、もじもじと目配せをし合った。

「誰かに何か言われた？　……そうでないならいつもの服装に戻してください。……びっくりした。先生心配しちゃったよ」

ミニスカートなんて、とんでもない！　一体、どうしたの？　と、一生懸命心配して話しかける。頭ごなしに指導するより、初めての生徒には効果がある。

## 四　「見たまんま」を描写し、評価しない

服装違反を指摘すると、問題がすりかえられてしまうことがある。よくあるのが、「服装違反はダメなのか」という議論。

そこで、「見たまんま」を言う。「ボタン、学校指定のじゃないね」「あなたのスカート、裾を切っているみたいだね」

うっかり服装違反をする生徒はいない。「違反です」「ダメです」という言葉は、言わなくても皆がわかっていることだ。見たことを、見たまんま生徒に返すだけで、指導の言葉として充分なのである。

## 五　基準は「入学式」または、「私」

違反の規準がはっきりしない場合、スカートが何と比べて短いのか、制服が何と比べて変形しているかは、「過去の自分」と比べさせるとよい。「四月のあなたのより短いよね」と言うと、どの子も納得せざるを得ない。生徒との信頼関係ができている場合、「私が、一人の大人として『短いなあ』『だらしないなあ』と思うから注意するんだよ」と言ってあげるのもよい。「基準は、私。私の目を『社会一般の目』と思いなさい」と宣言してしまうのもよい。

## 六　式典・行事ごとに「関所」を設ける

私は服装違反を「自分本位の服装」とよく表現する。自分をよりステキに見せたい、という自分のことだけを考えた服装だからである。普段は、少々目をつぶることもある。しかし、行事や式典では妥協はしない。なぜなら、行事や式典は「自分のための時間」ではないからである。

このような趣意説明をし、式典や行事では機械的に基準を設け、チェックをする。いつもいつもチェック、お小言、では大変だ。学期に何回か、このような機会を作っておけばよいと思う。

〈北海道標茶町立標茶小学校　**藤原佳澄**〉

# 【ミニスカート・制服の変形（2）】声かけ・確認・ほめる

生活指導で、注意ばかり…。眉間のしわが増える。こんなことから解放されるためにも、明るく指導することを心がけている。

明るい制服変形指導のポイント

一　声かけをする
二　確認をする
三　ほめる

である。以下にこの三つの流れで具体的に示していく。

## 一　丁寧な口調で（人間関係が薄い時）

「人間関係を築かないと指導が入りにくい」とよく聞く。確かにそうである。しかし、新任であろうと教師として生活指導もすぐにしなければいけない。

そこで、次のようにする。

一　「おはようございます。ネクタイ（リボン・靴の踵）の悲鳴が聞こえます」と丁寧な言葉で話しかける。

人間関係がなくても、丁寧な口調でやさしく話しかけると生徒は直そうとする。

二　「よし、そうです（きちんとできました）」と、目の前で直させる。

三　「代々木中学校の模範です。すばらしい！」などと直った状態をほめる。そして、直すことに対して、その行為をほめることもある。

人間関係がまだまだ、と思う時はニッコリと笑顔で行う。

## 二　居酒屋口調で？（人間関係ができてきた時）

この先生は服装については必ず注意してくる、という印象がついたり、人間関係ができてきたりすると居酒屋の店員さんのような元気なノリで声かけをしている。

一　「○○くん、（上着から）しっぽが出ているよ」とシャツ出しについてや、「□□さん、その靴下きちんと膝まで伸ばして履かんとな」と禁止のルーズソックスについて、元気なノリで声かけをする。

二　「よし、そうだ！」と言う時もあれば、「そうですよね」と急にやさしい口調にしたりする。生徒は注意される＝怒られると感じているので、口調のギャップに一安心するようである。ここでも、もちろん目の前で直させる。

禁止のものであれば、以後同じことがないように約束をする。そのことは担任にも報告する。担任の生徒の場合は、保護者に事実を伝え、協力して頂くようお願いをする。

三　「その方が格好ええわぁ」、「その方が可愛いじゃん」とほめる。関東では、方言は陽気に聞こえる。

### 三　サイン・ジェスチャー・表情で

場面によっては、声をかけられない時もある。始業式や朝礼などで整列している時である。そのような場合は、ジェスチャーや表情で注意をする。

一　声かけができないため、目を合わせる。ジャスチャーで、シャツが出ているというサインを出す。

二　直したら、ＯＫサインを送る。

三　ＧＯＯＤサインを出す。＊親指を突き出すサイン

三〇～五〇メートルほど離れている時にも使える。

一　大声で名前を呼ぶ。または、離れている時は手を振る。（気が付けば手を振り返してくる）ジャスチャーで、シャツが出ているというサインを送る。

二・三　直したら、頭の上で〇サインを出す。

### 四　多数無差別注意で

こんな経験はないだろうか。廊下を歩いていると、数名がシャツ出しをしている。一人一人やっていては、埒があかない。トイレにもいけなくなってしまう。こんな時には、名付けて、多数無差別注意である。

一　「お～い。誰じゃい、シャツ出しとるのわぁ～」と、ちょっと怒ったように言う。

二　目で見て、入れるのを確認する。

三　「よし！」と言う。

### 五　反抗的な態度や意図的な無視のとき

いつも成功ばかりとはいかないものである。無視や反抗的な場合もある。そんな時の私の対処法。

一　「シャツ入れようか」と言う。生徒「うぜぇ」や、「…」無言。対面して「同じことを何回も言わせんなよぉ」と歯を食いしばり、声のトーンを低くして言う。

二・三　「はい、良くできました」と、声のトーンを戻し、何事もなかったように言って去る。

孤軍奮闘では、ダメである。援軍を増やし、皆で明るく対処しよう。見過ごしは容認であるから…。

〈東京都渋谷区立代々木中学校　**岡﨑伸一**〉

## 【掃除のサボり（1）】アッという間に叱って、パッときれいにする

### 一

時間になってもＡ君は掃除の担当場所に来なかった。

これまで一緒に掃除をしていた先生から、Ａ君がよく掃除をサボることは聞かされていた。

勤務校では掃除の終了後に、帰りの学活をする日課になっている。そのため、無断で帰宅することはできない。

また、先生方も子どもたちと一緒に掃除をすることになっているため、掃除をサボった子どもはすぐにわかるようになっている。

それでもＡ君は掃除をサボっていた。

### 二

そんなＡ君に対して私がしたのは次のことである。

> 同じ班の中で呼びに行くのが得意な子どもを一名だけ教師が指名する。

掃除をする班の人数は五名である。二名以上の子どもがＡ君を呼びに行くと掃除が遅れて、その活動自体が荒れてしまう。だから一人なのである。

指名された子どもは校内にいるであろうＡ君を探しに行く。すると、限られた校内でのことである。すぐに見つかってしまうのである。

そして次のことをする。

> 短く叱る

「時間になったらすぐに掃除の担当場所に来なさい。わかりましたか」

この程度である。

掃除に遅れてきたという行為のみを叱るのである。

そして「はい」という返事が返ってきたら、それでオシマイである。時間にすると一分も掛からないほどである。

あとは、また子どもたちといっしょに掃除をすればよい。

そしてＡ君が一生けんめいに掃除をしていれば、ほめてあげればよいのである。

水野正司氏はその著書の中で叱り方の原則を次のように示している。

原則一　集団の秩序を優先する
原則二　集団の中で叱る
原則三　短くアッという間に叱り終わる
原則四　理由は問わず、行動を問題にする
原則五　「問題が起きるのが普通」「できなくて当たり前」と思っている
（『集団統率　叱り方の原則』明治図書）

特に中学生にもなると、長くダラダラと叱るのは逆効果である。自分が掃除をサボっていたことよりも、いつまでも叱られることにイライラし始めるからだ。

だから、とにかく短く叱ることが大切である。

また、中には「わかりましたか」と話しても「はい」と言えない子どももがいる。自分が掃除をサボるのはよくないことだとわかっていても素直に「はい」と言えないのである。

しかし、この「はい」という言葉を口に出させることが大切である。この言葉を口にするとなぜか素直な気持ちになれるからである。

「掃除の時間に遅れることはよくないことだよね」

「次は遅れないで掃除に来るよね」

といったように子どもに問い掛ける。そして、とにかく「はい」といったら、それで終わりである。それ以上、このことでは叱らないことが大切である。

## 三

A君はこのとき「はい」と返事をした。

すると班の子どもが手に持っていたホウキを手渡した。

私はAくんに言った。

「Bさんは、Aくんが来ないので一生けんめいに校内を探してくれたんだよ。一言お礼を言いなさい」

するとAくんは気まずそうに「ありがとう」と小さな声で言った。

それからホウキを受けとったA君は慌てて廊下の済に溜まっていたゴミを掃き始めた。

すると、A君は同じ班の子どもから「ほら、早く、早く」「そこにまだ残ってるだろ」という催促を受けていた。

掃除が終わった後の反省会で、ある子どもが言った。

「今日のA君はホウキを持ってからは一生けんめい廊下を掃いていました」

A君にとっては思いもかけない言葉だった。

けれども、それは他のみんなも同じ意見であった。

いつしかA君の表情もニッコリしていた。

〈北海道中標津町立計根別中学校　**松岡義智**〉

## 【掃除のサボり（2）】一緒に頭を下げ、まじめに掃除することを宣言させる

「三郎（仮名）が玄関掃除に来ませんでした」という苦情を受けた。体育館のステージでボール遊びをしていたという。学級がスタートしたばかりである。しっかりと対応しなければならない。帰りの学活で指導することにした。

このような場合、個別指導ではなく一斉指導で対処する。三郎だけではなく〝予備軍〟も一緒に指導するためである。

染谷「三郎君、立ちなさい。大切なお話があります」

生徒指導にかかわって重要な話をする場合、私は「大切なお話があります」と前置きをする。声のトーンを落とし、ゆっくりと、言葉を選びながら話す。決して怒鳴ったりしない。該当する生徒だけではなく、全員が姿勢を正して私の話を聞くことになる。

染谷「なぜ、立たされたかわかりますか？」

三郎「…」

染谷「わからないのですか。あなたには立たされる理由があるはずです。もう一度聞きます。なぜ、立たされたのですか？」

三郎「掃除をサボったからです」

染谷「三郎君以外に聞きます。掃除をサボることは良いことですか、悪いことですか？」

ここでは、学級で一番正義感の強い生徒を指名する。この時は、玄関掃除の班長である陽子を指名した。陽子は「悪いことです」と即答した。

この時に、「良いことです」と言いそうな生徒を絶対に指名してはならない。同様に、即答できない生徒にも指名しない。こうした問題は、あくまでも教師がイニシアチブをとって指導する。そのためには、間髪入れずに「悪いことです」と言える生徒を指名しなければならない。

染谷「全員に聞きます。掃除をサボることが『悪いこと』だと思う人は、手を上げてください」

全員が手を上げた。もし、手を上げない生徒がいれば、「あなたも悪いことだと思いますね」と強い口調で念を押す。語尾の「ね」を強く言えば、生徒は「はい」と答える。

間違っても「悪いことだと思わないのですか？」と疑問型で聞いてはならない。主導権が生徒に移ってしまう危険性があるからである。

三郎は、小学校時代も掃除をサボっていたという。学級集

団を教師の味方につけて、三郎を孤立させることにした。中学生は孤立を恐れる。だから、素直に反省する。

素直に反省する三郎の姿を全員の前で見せることで、それまでそれぞれの生徒が持っていた《三郎に対するマイナスイメージ》を払拭することもできる。

染谷「あなたを除く全員が『悪いことだ』と言いました。では、三郎君に聞きます。掃除をサボることとは良いことですか、悪いことですか？」

三郎「悪いことです」

染谷「小さくて聞き取れません。再度聞きます。掃除をサボることとは良いことですか、悪いことですか？」

三郎「悪いことです」

染谷「わかりました。玄関掃除を担当した三班の人は立ちなさい。三郎君は、彼らに何かをしなければなりません。何ですか？」

三郎「謝ること」

染谷「そうです。謝ってください」

三郎「ごめんなさい」

三郎は素直に謝った。これ以上、三郎を追い込む必要はない。そこで、私は《失敗を取り戻す方法》を三郎に示すことにした。

染谷「三郎君は素直に謝りました。三班の人に聞きます。三郎君を許してあげられる人は座りなさい」

染谷「三班の人は優しいですね。三郎君は、三班の人を裏切ってはいけませんよ」

染谷「三郎君には、まだ謝らなければならない人がいます。それは誰ですか？」

三郎「玄関掃除担当の青山（仮名）先生です」

染谷「そうです。帰りの学活が終わったら、一緒に職員室へ行って謝りましょう」

三郎「はい、わかりました」

染谷「みなさんに聞きます。三郎君の姿を見て、『すごく反省している。もう、三郎君は掃除をサボらない』と思う人は、手を上げてください」

全員の手が上がった。この瞬間、三郎の表情に明るさが戻った。最後まで孤立させる必要はない。教室は《失敗から学ぶ場》である。

染谷「三郎君、見てください。全員が手を上げています。全員が、あなたを許してくれたのです。優しい気持ちを持った学級の仲間を裏切ることはしないよね」

三郎「はい。裏切りません」

力強い三郎の決意に、大きな拍手がおくられた。

〈北海道別海町立中西別中学校　**染谷幸二**〉

# 【器物破損（1）】トラブルが小さなうちに手を打つ

## 一　トラブルが小さなうちに解決できる雰囲気を

トラブルがゼロの学級は存在しない。どんな素晴らしい学級でも何らかのトラブルは必ず生じる。

素晴らしい学級は、余計なトラブルが起こらない。また、起こったとしても事態が悪化する前に解決することができる。トラブルが起きたときにどのような指導をするか、ということを考える前に、小さなトラブルのうちに解決できる雰囲気を学級に作る努力が必要である。その手段の一つとして、染谷幸二氏の「ブロークン・ウィンドウ理論」の語り（ＴＯＳＳナンバー２２１０３３５）は大変効果的である。

## 二　教師が小さな変化を見逃さない

授業のために三階の学級に向かっていた。階段を上っているときにある異変に気が付いた。階段の壁のペンキが少しはがれていたのだ。実は前の日から気付いてはいたのだが、はがれた部分が少し広がっていると感じた。

> 指導のためには、変化に気付く日頃からの観察力と、何が正常で何が異常なのかを見抜ける感性が必要である。

壁のペンキが少々はがれているだけではあるが、自然にはがれたというよりは、人為的であると感じられた。

## 三　「ブロークン・ウィンドウ理論」を語る

> 教室に上がってくるときに、先生はちょっと残念な気持ちになるものを見ました。階段の壁のペンキがはがれていたのです。実は昨日すでに見付けていたのですが、今日ははがれていた部分がさらに広がっていました。自然にはがれたようには先生には思えません。

「あ、俺も見た」「私も」という声が聞こえた。

> ペンキがはがれていたことに気付いていたのですね。身の回りの環境の変化を敏感に察知できる素晴らしい観察力を持っています。

ここで「ブロークン・ウィンドウ理論」について語る。

> ある時アメリカで次のような実験が行われました。普通の自動車と窓ガラスの割れた自動車を住宅街に放置し、

一週間後の変化を調べるという実験です。

普通の自動車には何の変化もありませんでしたが、フロントガラスが割れていた自動車の方は他のガラスも次々に割られ、車内にあった高価な物は全て盗まれていたそうです。

小さな犯罪でもそれを放置しておくと大きな犯罪につながるという犯罪心理学の理論で、ガラスの割れた車を使って実験したことから「ブロークン・ウィンドウ理論」と呼ばれています。

簡単に言えば、「窓の壊れた家には泥棒が入りやすい」ということです。「他の人が犯罪を犯しているから俺だってやって構わない」と考える人が増え、凶悪な犯罪がはびこってしまうということです。

ブロークン・ウィンドウ理論を応用して安全な都市作りに成功した有名な事例があります。ニューヨークの地下鉄では凶悪犯罪の抑制に、落書きを消す作戦が行われました。落書きが放置されている状態は窓の割れた自動車と同様と考えたのです。「そんなことで犯罪が減るものだろうか」と多くの人が半信半疑でしたが、この作戦は実行され、落書きは消されました。その後、地下鉄での凶悪犯罪は減り始め、短期間に半減したのだそうです。

この効果をさらに応用し、ニューヨーク全体でも落書きが消され、その結果ニューヨークの治安は回復したそうです。

このことは、環境の改善や、小さな変化を見逃さず対処するという姿勢が、大きなトラブルを防ぐことにつながることを証明しています。

学校でも同じことが言えるのではないでしょうか。廊下の壁はこの四月に教頭先生が中心になって塗り替えてくださったのです。見違えるようにきれいになりました。あの新品同然の壁に最初に傷を付けるのはかなり勇気が必要だったのではないかと思います。でも、一度傷が付いたりはがれたりしてしまうと、次に手を加える人はそれほど罪の意識もなくやってしまうものなのです。たった一つ傷が付いただけで、いくつもいくつも傷が増えてしまうのです。こんな状態が続けば一か月もしないうちに学校から落ち着いた雰囲気は無くなってしまいます。

みんながきちんとルールを守る生活をしていれば、ルールを無視した行為をすることは難しくなります。

この学校も清潔に使い、みんなでルールを守り、過ごしやすい環境を保ち続けてほしいと願っています。

〈山口県光市立浅江中学校　**青木英史**〉

## 【器物破損（2）】トラブルは仲間づくりのチャンス

明るく指導するとは、いかなることか。

生徒が起こした失敗を次に生かすことができれば、明るい指導である。

と私は考える。そんな時に担任ができるのは、
①生徒に、失敗を失敗として受け止めさせること。
②失敗を背負って生きることを教えること。生徒も担任も「あやまち」を忘れないこと。
③教師と生徒の「人間関係作り」を常に意識すること。
④仲間と共に生きることを共有させること、である。

### 一　トラブルと仲間づくり

私は器物破損に関わらずトラブルの指導を次のように行っている。

① 報告現場に行く。
② ものが壊れていれば、すぐに片付けさせる。
③ 関係生徒を一室に集める。
④ 関係した生徒全てから話を聞く。
⑤ これからどうすべきか考えさせる。
⑥ 学級の生徒に報告する。
⑦ 関係した生徒の生活を追う（見る）。

⑥の「学級の生徒に報告する」について詳しく述べる。

学級の生徒に知らせることで、仲間が、一人の生徒の事件を共有し、そのことを通して仲間について考えるきっかけになる。

仲間の悩みを共に考えることができるからこそ「本当の仲間」になれるのだ。よく、事件が起こると「それは個人の問題」と考え関係した生徒だけに指導をして終えることが多い。事件の内容にもよるが、私は、このような指導をほとんど行わない。

それは、このような事件が、「友情」「仲間」を考えさせるきっかけとなり、仲間づくりに必ず役立つからだ。

### 二　仲間と事件を共有する

ある生徒が、清掃中に鉛筆削りを棚から床に落として壊した。その生徒は、鉛筆削りをわざと落としたわけではない。

鉛筆削りは、削りかすと共に床に壊れて広がった。

ある生徒は私に向かって何と言ったか。

「先生、鉛筆削り壊れました」

私は、この一言を聞いて、かっとなった。

その生徒の眼をにらみつけた。

その気持ちを押さえ、なぜ、「すみません」の一言がすぐに言葉にでないのか疑問に思いながら、床の上にちらかった鉛筆削りを黙って片付けた。

私は、この時の様子を、放課後の学活で学級の生徒たちに次のように話した。

> 今日、○○君が、お掃除の時に鉛筆削りを落として、壊してしまったんだ。
> ○○君。君は、鉛筆削りを壊して、先生に最初に何て言ったと思う（○○は黙っていた）。
> ○○君は壊れた鉛筆削りを持って、「先生、鉛筆削り壊れました」って言ったんだ。
> 先生は、この言葉を聞いて、変だな…と思った。学校のものを壊しておいて「壊れました」。
> これだけでいいのか…。と思ったんです。
> このことは○○君だけではないですよ。みんなも同じだと思います。先生は、この中学校に何年かいるけど、
> 同じようなことが何度もあった。学校のモノを壊しても平気な人が多い。「ごめんなさい」「すみません」という言葉が最初に出てこないんです。先生は、こういうことが不思議でたまらないんです。

誰がどんな事件を起こしたのかわからないように、次のように話すこともある。

> 今日ね。みんなの仲間が「廊下でうんち」をしたんだ。先生は、廊下でうんちをした連中と一人ひとり話をしました。そして、こう言いました。
> 「先生には、お前らを救うことはできない」
> でも、仲間だったら救うことができるかもしれない。
> 廊下でうんちをした連中と、このクラスの仲間が、これからどんな生活をつくっていくのか、ということが大切なんだ。

「廊下でうんち」という言葉を使って、絶対にありそうもないことが起こったことを伝える。生徒たちは、誰かが事件を起こしたなと気付く。仲間が、何か事件を起こしたとき、事件をきっかけに、クラスの仲間が、どんな関わりをしていたのか、これからどんな関わりをしようとするのか考えさせることができるのだ。

〈長野県高遠町立高遠中学校　**垣内秀明**〉

# 第Ⅵ章 ネアカ流 保護者が笑顔になる家庭訪問の演出

## 保護者・生徒・教師が笑顔になる家庭訪問の秘策

### 一 生徒が書いた作文を持参する

家庭訪問でも、次の原則は有効である。

> モノを準備する。

勤務校では、五月の連休後に家庭訪問が実施される。一軒当たり与えられた時間は二五分間。話し好きの保護者ならば短く感じる時間だが、こちらの質問に「はい」「いいえ」でしか答えてくれない保護者もいる。

そんな時でも、生徒が書いた作文を持参すれば、時間を持て余すことはない。作文は家庭訪問の必須アイテムである。

四月最終週、学活の時間に生徒に作文を書かせる。タイトルは、一年生ならば『中学生になって成長した自分』、二年生ならば『中学二年生になって成長した自分』となる。

中学生に作文を書かせる時は、趣意説明を怠ってはならない。作文を書く目的は何か。書いた作文は何に使われるのか。書いたら、自分にとってどんなプラスがあるのか。そういったことを伝えて理解させなければ、ブーイングが返ってくるだけである。

私は、作文を書く前日に次のように伝える。

> 明日の四時間目、作文を書きます。原稿用紙二枚以上です。タイトルは『中学生になって成長した自分』です。
> 中学校に入学して半月が過ぎました。入学式の日、皆さんは期待よりも不安でいっぱいだったと思います。新しい生活というのは、誰だってそう感じるものです。先生もそうでした。
> 二日目、三〇秒スピーチをしました。全員が原稿を書き、練習をして臨みました。三〇秒ピッタリで発表した人が五人もいました。努力を大切にする人が多い学級であると、先生は思いました。
> 三日目、学級役員と生徒会専門員を決めました。学級委員長をはじめ、すべてのポストが立候補で決まりました。やる気に満ちた学級であると確信しました。
> あれから半月、みなさんは中学校生活にも慣れ、ある人は新しい友達ができ、ある人は勉強に力を入れ、ある人は部活動で汗を流しています。これらはすべて、みな

さんの心の中に「新しい生活の中で自分を成長させたい」という強い意思がある証拠です。

　来月、家庭訪問があります。

　みなさんが努力している姿、頑張っている姿、成長している姿をお父さん・お母さんに伝えたいと思っています。そのために書く作文です。

　みなさんが書いた作文を読むと、きっと安心してくれるはずです。そして、皆さんを応援してくれるはずです。

　明日書く作文は、国語の作文ではありません。誤字脱字があっても、みなさんのお父さん・お母さんならわかってくれます。気にしないでください。大切なのは、心にある思いを素直な言葉で表現することです。

　一時間で原稿用紙二枚以上を書き上げてもらいます。始まってから「何を書こうかな？」では、書き終えることはできません。今日のうちに、何を書くのかを考えておいてください。自信のない人は、下書きを書いて持ってきても構いません。

　これだけ言っているのですから、時間内に書き終わらない人はいないと思います。もしいたら、放課後に書いてもらいます。もちろん、先生が最後まで付き合います。

## 二　全員に作文を書かせる秘策

　翌日、原稿用紙三枚ずつを配付する。

　一行目にタイトル、二行目に自分の名前を書くように指示する。全員が書き終わった後、「何か質問はありませんか？」と確認する。なければ、次のように伝える。


　国語の作文ではありません。

　わからない漢字は、ひらがなでも結構です。でも、どうしても漢字で書きたいという人もいるでしょう。その人のために、国語辞典を五冊用意しました。自由に使ってください。隣の人も真剣に書いています。話しかけないようにしてください。

　最後に、この作文はみなさんのお父さん・お母さんに読んでもらいます。上手でなくてもいいですから、丁寧な字で書きなさい。では、始めてください。


　合図と同時に、鉛筆が動く音だけが教室に響く。前日に準備するように求めているから、「何を書いていいのか、わかりません」という言い訳は通用しない。

　それでも書けない生徒には、放課後、次のようにマン・ツー・マンで指導する。

(1)「中学生になって、一番頑張っていることは？」と質問し、その答えを私がメモする。
(2) これを五項目ぐらい繰り返す。
(3) 私が書いたメモが作文の下書きとなる。
(4)「原稿用紙に写しなさい」と、写し書きさせる。

四〇分もあれば、全員が作文を書き上げることができる。作文のタイトルは『中学生になって成長した自分』である。自分が成長したと思うことだけを書けばいいことになる。マイナス面を書かなくて済むので、生徒の意欲ややる気が前面に出る文章となる。

例年、次のような内容が書かれることになる。

(1) 中学校は先生が毎時間かわるので、とっても楽しいです。小学校の時よりも難しくなったけど、復習に力を入れて六月のテストではいい点数をとりたいです。

(2) 中学校で新しく加わった英語に力を入れて勉強しています。アルファベットも全部覚えました。たくさんの単語を覚えたいです。

(3) 放課後の部活動が楽しみです。練習を頑張って、一日も早くレギュラー選手になりたいです。そして、大会では優勝したいです。

こうした作文を読む親は、我が子が意欲を持って中学校生活を送っていることに安心するはずである。家庭訪問は、親、生徒、教師が明るく、希望が持てる場にしたい。

## 三　教師は聞き役に徹する

家庭訪問の場面を再現する。

居間に入り、「担任の染谷幸二です。よろしくお願いします」と自分から挨拶をする。保護者よりも頭を下げることは、当然である。

挨拶が終わると、すぐに作文を手渡し、その場で読んでもらう。我が子が精一杯書いた作文に、感激の涙を流す保護者もいる。初めて中学校に入学させる保護者は、生徒以上に不安に思っている。教師が語るよりも、生徒の作文の方がずっと説得力がある。

読み終わったら、「いかが、お感じになりましたか？」と感想を求める。

(1) 家の姿とは違って、学校では一生懸命にやっているんですね。安心しました。
(2) まだまだ子どもだと思っていましたが、中学生らしく成長していることをうれしく思います。
(3) 環境が変わって家でも意欲が伝わってきていました。作文を読んで、その理由がわかりました。

といった感想が返ってくる。

私は大きく頷きながら、その言葉を聞く。ここでは、聞き役に徹する。実に、ほのぼのとした気持ちになる。
最後に、次のように伝えて話題を締めくくる。
(1)　この作文はお父さんや兄弟、遠くに住んでいるおじいちゃん・おばあちゃんにも読んでもらってください。きっと喜んでくれるはずです。
(2)　この作文はずっととっておいてください。そして、結婚するときに渡してあげてください。

保護者に作文を読んでもらっている間、私は居間を見渡す。ほとんどの家庭では、居間の壁や棚、リビングボードに子どもの小さな時の写真、賞状、トロフィー、メダル、絵などが飾ってある。これらは、家族の誇りである。

話題が尽きたとき、
「あの写真は幼稚園の時のですか?」
「あのトロフィーは、何でいただいたのですか?」
と説明を求める。

一つひとつに家族の思いが込められている。保護者は、その思いを語ってくれる。私は、こちらも聞き役に徹する。
「染谷先生は、何でも話を聞いてくれる」という信頼感が、ここから生まれる。

## 四　短所を長所に変えて伝える

保護者は「生活が荒れていないか?」「教室で孤立していないか?」という不安を少なからず抱いている。

その時は、事実のみを伝えるようにしている。
「どうも落ち着きがないのですが…」という保護者の悩みには、「確かに、そういった面もあります。でも、彼は他の人よりも早く動ける行動力が一番の長所です。ここを伸ばしてあげたいと思っています」と、短所を長所に変えて伝えるようにしている。

同様に、「小学校時代は友達がなかなかできなくて…」という不安には、「本人は、何と言っていますか?」と確認する。ほとんどの場合は、「本人は、全然気にしていないようです」という答えが返ってくる。

そんな時は、「中学生の多くは友達に振り回されて生活が乱れてしまいます。友達が誰もいないという人はいません。いつか、本当に心が許し合える友達ができます。その時を待ちましょう」と伝える。

家庭訪問では、保護者の不安を解消するという視点を最優先に考える。そこから保護者と生徒、そして教師の信頼の絆が生まれると考えている。

〈北海道別海町立中西別中学校　**染谷幸二**〉

# 笑顔で家庭訪問する五つのポイント

明るく気持ちよく家庭訪問をするために次の五つがおすすめである。

① 事前に話のポイントを伝える。
② 早すぎず遅すぎず訪問時間を守る。
③ 服装はばっちりと、笑顔を絶やさず。
④ 子どものプラス面の話をする。
⑤ アルバムを見せてもらう。

## 一 事前に話のポイントを伝える

我が子の担任の先生が家を訪ねてくる。保護者の立場になるとそれだけも身支度、部屋の清掃など気を遣うものである。ましてどんなことを言われるかと緊張もする。

あらかじめどんなことを話題にするかポイントを絞って知らせておくと保護者も安心である。

学級通信に次のように書いて知らせる。

◇明日から家庭訪問でおじゃまします。

一軒あたり一〇～一五分の予定です。限られた時間を有効に使うために次の三点に絞ってお話をお伺いさせていただく予定です。

① お子さまの長所、得意なこと
② 健康面、学習面で心配されていること
③ 学校・担任への願い

何も言わないと保護者は「うちの子は整理整頓ができなくて」とか「引っ込み思案で困っています」など子どものマイナス面を話題にする場合が多い。

やはり家庭訪問では子どもの良い点を伸ばす話をしっかりとしたい。そこで、話題の冒頭は教師の方で方向付けをする。

「早速ですが、お母さんから見られて、〇〇くんの長所や得意なことはどんなことですか」

と切り出せばよい。

あとは保護者が言うことを「そうですか」「なるほど」と笑顔で受けとめ、しっかり聞き手に回る。

あらかじめ話題のポイントを知らせておくと、多くの保護者はそれなりに考えてくれている。

## 二　早すぎず遅すぎず訪問時間を守る

当然のことであるが、訪問時間を守る。わざわざ仕事の都合をつけて待ってくれる保護者も多い。もしも遅れる場合は電話を入れる。早くなる場合も同様である（予想以上に早く行くとあわてられることも少なくない）。通常、一五分以上遅れたり早くなったりする場合は電話連絡をいれる。

しかし、たいがいは道がわからず遅れる場合が多い。家庭調査表の地図がわかりにくいためである。

私は入学式の後の学級指導で家庭調査票を配ったとき、後ろに並んでいる保護者に地図の書き方をお願いする。

次の物を地図に書いてもらえるとありがたいことを伝える。

- ○　近所の目立つ物、目印になるもの（公園、コンビニなど）
- ○　家の特徴（白い壁、緑の屋根など）
- ○　友だちの家（二、三年生の子の家があればわかりやすい）
- ○　駐車できるスペース（ここに車をとめられますという場所）

地図がわからなくて苦労した体験をちょっぴり混ぜて話すとわかりやすい地図が増える。

さらに、どちらが北か、方角も書いてもらうように言う。時々、南北を逆に書いてある地図もある。

なお、家庭訪問で一番苦労するのが転勤してきた年である。この時はできるだけ早い時期に校区を自転車（元気なら徒歩）で回ることをおすすめする。春休みに様子見がてらに一度回る。

その後、生徒の家の地図が手に入った時点で休日を利用して家の近くまで行ってみる。全部は無理でも地区ごとに何人かに絞って行くだけでも全く違う。家庭訪問に余裕ができる。

小学校では次の家まで子どもが案内する場合もあると聞く。中学では部活の関係で無理だろうが、生徒に自分の次の人の家への行き方を紙に書かせるのも一つの手だろう。

## 三　服装はばっちりと、笑顔を絶やさず

第一印象は服装によるところが大きい。どこかにつっこんでいたままのようなしわしわのシャツは御法度。保護者もそれ相応の準備をしてくれている。家庭訪問はふつうの日ではない。きちんとする。

そして服装はもちろんだが、おじぎの仕方も意識する。ひざ頭のあたりまで深く下げる。相手に敬意を払う気持ちである。

また、笑顔を絶やさぬようにする。特に玄関を開けて初めて顔を合わせるときの第一印象を大切にする。「こんにちは」のさわやかな挨拶と共に「お会いできてうれしい」という気持ちが伝わるようにする。

保護者の言葉を復唱しながら聞くのもよい。実際に立場を変えてみるとわかるが、自分の言葉を相手が繰り返してくれると非常に安心する。理解してもらえてるなと感じる。

## 四　子どものプラス面の話をする

家庭訪問は聞き手に回ることが中心だが、こちらから子どものことを言う場合もある。その場合は、

| 子どものプラス面を話す。 |
|---|

特に中一の場合、入学したてで保護者も不安一杯である。どんなことを言われるかひやひやしている方も多い。中学校初めての家庭訪問で担任に言われたことは保護者は実によく覚えている。卒業式後の保護者との話の中に出てくるほどである。

おおげさに言えば、中学校の今後三年間の家庭と学校との信頼関係を決めるとさえ言えよう。

二年、三年になっても基本は同じである。特に前の学年の時がうまくいっていない場合は、今度の先生にはどんなこと言われるだろうと保護者が身構えていることもある。

だからこそ生徒の良いところを三つも五つも用意しておかねばならない。

生徒指導資料（家族構成や家の地図など各家庭で書いてもらうもの）や最初に書かせる自己紹介カードなどは資料となる。日記や最初の作文なども場合によってはコピーして持って行ってもよい。

また授業以外の時間、例えば、休み時間、昼食時、清掃時間などの様子も意識して見ると短時間でも多くのことがわかる。

## 五　アルバムを見せてもらう

向山洋一氏は家庭訪問でアルバムを見せてもらうことをされていた。写真からその子にまつわる様々なエピソードがわかることがある。

私は当初、これは小学生にふさわしい方法だと思っていた。ところが、中学生にもとても有効であることがやってみてわかった。次のように保護者に感謝されることもある。

「小学校低学年ぐらいまではよくアルバムを開いてみていましたが、最近はほとんど見なくなっていました。先生にお見せするために久しぶりに押入から出したのですが、しばし

見入ってしまいました。この子もこんな時があったなあと懐かしかったです」

　中学入学の区切りにアルバムを見直せたのはとてもありがたかったとある保護者はおっしゃった。

　それは中学三年で行ったときも同じであった。

　ただ、家庭によって様々な事情があるので決して無理強いはしない。見せてもらえなくて当然である。

　学級通信には例えば次のように書く。

　もう一点だけご無理なお願いなのですが、

> 小さいころのアルバムをよろしければ見せていただけると幸いです。

よりいっそうの生徒理解が深まります（ご無理な場合はけっこうです。あくまでお願いです）。

　アルバムは、時間をかけずにさっと見るのが肝心である。

　その際、向山洋一氏は、

> 「かわいいですね」とほめる。
> 「病気はされなかったですか」とさりげなく聞く。
>
> 『日本教育技術方法大系第一五巻』四二一頁
> 伏島均論文による

　実際、アルバムの写真を見ると「あのやんちゃくんが！」と驚くことも少なくない。子どもの生育状況や家庭環境がアルバムを通してわかる。幼い頃の病気のことを聞くと保護者の思いがひしひしと伝わってくる。

## 六　家庭訪問をネタにコミュニケーションを深める

　家庭訪問でいろいろなことがわかる。飼っている猫、弟が何人いるか、小さい時のくせ、マニアックな趣味、この食べ物が大好き、いつもしている手伝いなどなど。

　それを次の話題にする。

①　学級通信に Who am I? としてクイズで載せる。
②　個人日記のコメントに使う。
③　その生徒と休み時間や昼食のときの話題にする。

　マイナス面の話は避ける。これはおもしろい、もっとたずねてみたいと思ったことを話題にする。

〈兵庫県加古川市立平岡南中学校　**大北修一**〉

## 学級通信を活用！　保護者もにっこり　家庭訪問のポイント三

向山洋一氏は次のように言う。

家庭訪問をしていて、やっぱりいってみてよかったと思った。子どもの背負っている生活やら家庭やらを頭に入れておかないと、心の通った教育ができないからだ。
『教え方のプロ・向山洋一全集42』明治図書　三〇頁参照

学校ではたいてい、新しくクラスを持って一か月もたたないうちに家庭訪問がある。

そして、家庭訪問を通して、これまで学校での様子しか知らなかった子どもたちの別の姿が見えてくる。

学校と家庭のツーウェイで教育していけるように、保護者にも学校での様子が伝わるような家庭訪問にしたい。

教員としての経験も浅く、頼りない私でも、家庭訪問では保護者と笑顔で終えることができた。

その家庭訪問のポイント三つ

一　学級通信を大いに活用する
二　子どものよいところを伝える
三　写真を一枚用意しておいてもらう

を以下、具体的に紹介する。

### 一　学級通信を大いに活用する

保護者が笑顔になる家庭訪問の演出に欠かせないものは「学級通信」である。

新学期が始まり、ほぼ毎日発行していた学級通信への保護者の反応はとても大きかった。

その中でも、話題になったのは、次の三つであった。

(1)　教師の願いを書いたもの
(2)　子どもの名前をできるだけ載せたもの
(3)　子どもの声（感想）を載せたもの

学級通信について、染谷幸二氏は次のように言う。

五月の家庭訪問では、必ず学級通信のことが話題にのぼる。学級の方針、教師の願いを保護者に理解してもらうには、学級通信は効果的な手段である。

※一『学級通信に多くの名前を出すための語り』インターネットランド http://www.tos-land.net/index2.php ＴＯＳＳナンバー２３２０５１９　染谷幸二氏

学級通信には、学級での様子、生徒の一言感想文に加えて、できるだけ教師自身の思いを書くようにした。

以下、家庭訪問でも話題になった、入学して三日目の通信の一部を紹介する。

> 今日の学活で、大切なことを三つ話しました。
>
> 挨拶<br>返事<br>あとかたづけ
>
> です。この三つができれば、たいてい、安心できると言われます。
>
> 『挨拶』は、中国語で「心を開き、心を近づける」ということを意味します。これから一年間、一緒に生活する仲間と、朝会ったら、気持ちのよい挨拶を交わしてほしいと思います。また、今日の帰りの挨拶は、今までで一番声が大きかったように思います。みんなともまた心が近づけたのかなと思いました。
>
> はい、と気持ちよく『返事』ができる人は、どこへ行っても信頼されます。
>
> 『あとかたづけ』なんて、と思うかもしれませんが、なかなか難しいところです。一日目、みんなのスリッパは、三、四人のかかとが少し開いているだけでしたが、後はみんなきれいに入っていました。今日は、かかとが開いているスリッパが1足あっただけでした。また、「放課後の教室を見ると、そのクラスの様子が分かる」といわれます。今日の一年四組の教室は、一人椅子が出ているだけで、机もきちんと隣同士ついていて、みんなの落ち着きを感じました。みんながとてもできることが分かります。これからもこの落ち着きが続くことを願います。
>
> 二〇〇二年度学級通信 The First Step No.4 より

家庭訪問では、

「先生が通信に書かれていた、大切にされていること三つを読んで、とても安心しました。小さなことかもしれませんが、大切なことですよね」

と言われた。

ＴＯＳＳで学んだ実践を追試したおかげである。

語りが苦手でも、学級通信を使って思いを伝えることができる。

また、生徒の名前をたくさん出すことで、保護者からは学級の様子がよくわかると言われた（通信の書き方は※一の染谷幸二氏のＨＰを参考にしていただきたい）。

そして、子どもの感想を載せることは、保護者にとっても、子どもたちにとっても安心する材料の一つである。

新しいクラスに不安を持っている子どもたちも、みんながどんな思いをしているのかを知ると、安心できる。

私は帰りの会のときに、小さい紙を配り、一日の感想を一言書いてもらっていた。

それを翌日の通信で紹介するのだ（田上善浩氏の追試）。

> ○友達ができるか不安だったけどたくさんできたのでもう、少しは安心しました。あと、今とっても楽しい！
> ○朝、学校に入るところを間違えて、説教された。（悲）
> ○フルーツバスケットが楽しかった。しゃべったことのなかった人とも隣になってしゃべれてよかった。係りが文化になれなかったのがくやしー。
> ○初めて男子とおしゃべりができた。すごくうれしかった。あと他は、５限目にフルーツバスケットしたのでさ・い・こ・う！
>
> 二〇〇二年度学級通信 The First Step No.9 より

子どもの名前は載せないが、「これ○○君のでしょ？」など、配ってすぐ、子どもたちの声が聞こえる。

家でも通信を見ながら、「これは○○さんだよね」などと話題になることもあるそうだ。

家庭訪問先では、

「学校の様子をあまり話さないんです。だから、学級通信でクラスの様子がわかるので、とてもありがたいです」と感謝のお言葉をたくさんいただいた。

子どもが話さなくても、通信を見ればクラスの様子がわかる。そして、通信をきっかけに親子の会話も増えるのである。学校での楽しい様子が伝わると保護者も安心する。

## 二　子どものよいところを伝える

家庭訪問について、向山洋一氏は次のように言う。

> 家庭訪問では、子どものよいところしか言わない。
> 『日本教育技術方法体系15巻』
> 明治図書　四一頁　伏島均氏論文参照

一年生の保護者だったら、勉強はもちろん、友だちとの様子など、不安がいっぱいである。

保護者の不安をなくすためにも、子どもを日ごろからよく見て、よいところを三つ、五つと言えなければならない。

新しいクラスが始まって間もない時で、一人ひとりのよさを見付けることは、簡単ではないかもしれない。

しかし、学級通信に書いたり、家庭訪問を意識して日ごろから子どもたちを見つめ、すごしていると、いろんな面が見えてくる。

朝、少し早く教室に行って子どもたちと話をする。

授業以外の時間は、クラスや部活、家でのいろんな話を聞けることがある。

朝自習、給食の時間、掃除の時間、昼休みなど、できる時間は教室にいて、子どもたちと過ごす。

仕事を一生懸命やる姿、友だちと楽しそうに過ごす姿など、授業の中と違う一面を見ることができる。

そんな様子を伝えると、保護者も安心される。

### 三　写真を一枚用意しておいてもらう

染谷幸二氏は、向山流・家庭教育必勝法として「一枚の写真が保護者との絆を深めた」と言う（『中学ツーウェイ』二〇〇四年六月号一二、一三頁　申し込み先　インターネットランド　http://www.tos-land.net/index2.php　ＴＯＳＳナンバー４０００００６より）。

私は家に飾ってあった写真から、小さい時の様子などを伺ったことがある。やはり写真の効果は絶大であった。

小学校の写真だったら、小学校からの友だちの様子、家族との写真だったら兄弟関係、小さいころのことなど、写真を通して、子どもの様子、保護者の思いが伝わってきた。

また、大北修一氏は「アルバムを見せてもらう」向山洋一氏の実践を行い、次のように言う。

> アルバムを見せてもらうのは中学生にこそ有効
>
> 『中学1年の学級経営』明治図書　一三八頁　大北修一氏論文

向山氏は時間がないのでさっさと見るようだが、アルバムの見方を次のように言う。

> 「かわいいですね」とほめる。
> 「病気はされなかったですか」とさりげなく聞く。
>
> 『日本教育技術方法体系15巻』前掲載論文参照

家庭訪問で、子どもの健康状態について情報を知ることは大切である。また、写真から家庭生活の様子も伝わる。

学級通信で先手を打ち、子どものよいところを伝えることで保護者も安心する。そして、写真を通して生育状況や家庭環境も知り、笑顔で家庭訪問を終えることができる。

〈滋賀県野洲市立北野小学校　**厚美佐**〉

# 第Ⅶ章 すぐできる保護者会を明るくするコツ

## 参加してよかったと思わせる保護者会

保護者会について、向山洋一氏は次のように書いている。

話すことは、

「メモしたくなるようなこと」

「子どもたちのエピソード」

「行事の予定と準備しておいた方がいいこと」

向山洋一全集42『先生に会えてよかった！　向山流親とのつきあい方』明治図書

この三つにしたがって、準備し、保護者会をおこなった。

### 一　準備

(1)　「メモしたくなること」は、「子どもがよくなる話」である。自分の子どもがよくなる話をしているとき、保護者はメモをとる。子どもがよくなる話は、次の本を参考にした。

月刊誌『家庭教育ツーウェイ』明治図書

(2)　「子どものエピソード」を話すためには、日ごろの子どもの様子を記録しておく。記録は次の四つでおこなっている。

一　ポストイット
二　学級通信
三　学活ノート
四　写真

生徒を見ていて、「これは！」と思うものは、すぐにメモを取る。すぐメモができるように、ポストイットを持ち歩いている。その中から、子どものよいところを学級通信に書いている。

また、私のクラスでは、生徒一人ひとりが「学活ノート」を作っている。学活のときに、書くことがあればそのノートに書くことにしている。ノートは、ＴＯＳＳノート〔問い合わせ　東京教育技術研究所　FAX　〇三（五七〇二）二三八四〕を使っている。「学活ノート」を見れば、学活や学校の様子を知ることができる。

写真は、行事だけでなく、授業や昼休み、掃除など普段の学校生活も撮影しておく。

(3)　「行事の予定と準備しておいた方がいいこと」のために、次の九枚のプリントを準備した。

一　ＰＴＡ役員
二　年間行事予定表
三　総合学習（学活）年間予定表
四　五月・六月の月予定表
五　授業時間割
六　電話連絡網
七　修学旅行実施要綱
八　校舎配置図
九　体育大会選手名簿

保護者会に来られない保護者もいる。後日、生徒にプリントを持ち帰ってもらうことになるので、読むだけでわかるプリントを準備する。

プリントのほとんどは、事前に生徒にも配布している。それでも、保護者が必要だと思われるプリントは、保護者会で配布することにしている。中学生になるとすべてのプリントを保護者に渡しているとは限らないからである。実際、保護者会ではじめて年間行事予定表や授業時間割を見る保護者もいた。

「月予定表」は、学級通信として毎月出している。その月のクラスに関する予定をできるだけ書いたものである。年間予定表は、全学年の行事予定表である。生徒や保護者にしてみれば、自分のクラス・子どもに関する予定だけわかればいいので、年間予定表では不要な情報も多い。保護者から「月予定表を見れば、その日に何があるかわかるので、たいへん便利です」と好評である。

## 二　保護者会

中学三年生の保護者会を次のようにおこなった。

はじめに、ＰＴＡ役員を紹介し、必要な連絡事項を伝えてもらった。用事のある保護者は、早目に帰る場合があるからだ。そして、担任から諸連絡。準備しておいたプリントを配布した。

プリントの順に手短に、明るく、テンポよく話した。

「年間行事予定」で、一学期の行事である定期試験・体育大会・授業参観・終業式などを確認した。また、保護者に関係することを話した。例えば、「五月二七日から中間試験です。前日の二六日は短縮授業ですので、お弁当の準備はいりません。」二学期以降については、夏の合宿・修学旅行などの大きな行事の日程だけ確認した。

「体育大会選手名簿」は、子どもがどの種目に出るかがわかる一覧である。自分の子どもの名前がプリントに書いてあると、保護者は嬉しいものである。

この時、次のような話をした。


「今朝も全員が七時半に集まって、七人八脚の練習をしていました。まず、二人組で足をそろえたり、全員で声を出したり、並び方をかえたり、いろいろと試行錯誤しながら、自主練習をがんばっています」

「子どものエピソード」を交えながら話すことで、楽しく諸連絡や行事予定の確認ができた。

学活、朝読書、授業、お昼休み、掃除、放課後の部活、帰りの学活などクラスの様子を伝えた。


新年度、最初の学活の話をした。

「最初の学活で、生徒に次の質問をしました。

一番。六月に体育大会があります。どのようにしたいですか。

生徒は、次のように答えました。

「楽しくする」「みんなで楽しくやりたい」「みんなで協力したい」「楽しくしたい」

二番。一〇月に修学旅行があります。どのようにしたいですか。

生徒は、「楽しくしたい」「みんなで楽しく&仲良く」「思い出に残るものにしたい」

三番。二月は合唱祭です。どのようにしたいですか。

「協力し合って優勝する」「みんなで協力し合う」「今年こそは優勝したい」

四番。そのような目標や夢を実現するために、どうすればいいですか。

「練習を一生懸命する」「みんなで協力し合う」「積極的に協力し合う」「学年全員で仲良くしたい」「人のことを考える」「努力する」「みんなで協力してがんばる」


体育大会をどうしたいのか、修学旅行をどうしたいのか、合唱祭をどうしたいのか、そのような目標や夢を実現するためにどうするのか、自分の子どもの答えが「学活ノート」に書いてある。保護者は自分の子どもの答えを見て、笑ったり、困ったり、とさまざまな表情をしていた。


朝読書の様子を次のように話した。

「教室に入ると、席を立っていた生徒が席に着きます。「朝読書をします」「体をまっすぐ向けます」「本は両手で持つのです」「かかとは床につけるのです」と、はじめは言っていました。最近は、何も言わなくても時間になると、姿勢よく読書を始めます」

お昼休みの様子は、写真を見てもらった。デジタルカメラで撮影し、プリンタで印刷しただけの白黒の写真であった。それにもかかわらず、自分の子どもが写っていると嬉しいものである。保護者全員が笑顔になった。

その日の学活の話をした。

「朝の学活で次のようなアンケートを取りました。

一　朝起きる時間
一番多かったのは、「六時」でした。

二　家族に「おはよう」のあいさつをしますか
はい　八人　　いいえ　七人

三　朝食は食べていますか
はい　一一人　　いいえ　四人

四　家から学校までの通学時間
一番多かったのは、「六〇分」でした。

五　家での勉強時間
平均は、「四四分」でした。標準的な目安は、「学年×一〇分」です。中学三年ならば、「九×一〇分＝九〇分」です。

六　テレビを見る時間
平均は、二時間四〇分でした。一日「一時間」がよいと言われます。

七　家族との会話時間
平均は、「五〇分」でした。家族で会話するのは、「第一が食事の時、第二がお手伝いの時」です。

八　寝る時間
一番多かったのは、「一〇時」でした」

一つひとつの質問に対して、保護者が反応する。自分の子どもの答えを見て、

「こんな早く起きてないです」

「ほっとくと何時間でもテレビを見ています」

などと、自分の子どものことを話すきっかけとなった。

〈東京都私立文華女子中学校・高等学校　**堀部克之**〉

## モノを準備し・定刻に終わり・個別の時間を保障する

次のことを忘れてはならない。

> 保護者会に参加してくれる親は、教師の味方になってくれる方である。

中には癖があってつきあいにくい、という保護者がいるかもしれない。しかし、その方だって間違いなく学校の応援団となりうる親である。

親が学校に来るのは、我が子がきちんと成長していることを確認するためである。だから、その思いに答えるべく準備をする。

### 一　ビデオと作文を準備する

保護者会における基本は次の点にある。

> モノを準備すること

佐々木学級の保護者会で人気ナンバーワンは、生徒の活躍を映したビデオである。

体育祭・学校祭・球技大会・スケート大会など、生徒が若いエネルギーを燃やして取り組む学校行事を、私はビデオにおさめている。そのビデオは行事終了後、学活の時間に生徒に見せるためにとっている。それを保護者にも見ていただく。普段の家庭生活では見せないさわやかな笑顔がたくさん映し出される。わずか二〇分程度のビデオであるが、親は画面に集中する。

では、保護者会の様子を紹介する。　□□

「みなさん、こんにちは。今日はお忙しいところありがとうございます。これから、先日の修学旅行の様子を見ていただきます。準備があるので少しお待ちください」

私はにこやかに言った。すると母親たちは口々に

「ああ！　〇〇ちゃん、川に落っこちたって言うじゃない！」

「そうなの？　あの子何にも言わないものだから…」

「うちの子なんてマイ枕がないと眠れないなんて言ってすごい荷物だったのよね。旅行慣れしてなくて、全く…」

などと言って、一気に和やかモードになる。

そんな話を聞きながら、私はビデオのスイッチを入れた。

そこには一か月前の修学旅行の様子が映し出された。参加していた六名の母親の目がテレビ画面に釘づけとなった。

「え、これ大輔君？　いやあ〜、大きくなったね〜！」

「小学校のときはクラスで一番小さかったのに」

「さやちゃんも、やせてきれいになって〜！」

「あ、いたいた。うちの娘」

「浩太君の荷物の大きいこと…何が入っているのだろうね」

わが子のみならず、ほかの生徒の成長ぶりを見つけては喜んでいた。実にほほえましい光景だった。

ビデオ上映の約二〇分間、私は黙って一緒にテレビ画面を見ていただけである。その後は互いの子どもの話題で盛り上がった。

□□

保護者にビデオを見ていただくことのメリットは、そのビデオの内容が、家族の夕食の話題になることである。保護者会の翌日には、生徒が「昨日ビデオを見たんでしょう？」と、声をかけてくる。中学校時代といえば、親子の会話が少なくなる時期であるが、保護者会でビデオを見せることで親子の会話が深まる。

ビデオ同様に、保護者から高い人気を得ているものは、生徒が書いた作文である。

保護者会で必ず話題になることは、

「中学生になって会話が少なくなり、何を考えているのかわからない。心配で話しかけても答えてくれない。聞こうとしても部屋から出てこない」

ということである。この声に学級担任は誠実に答える必要がある。

最も簡単な方法は、学活や道徳の時間で書いた作文を保護者に読んでもらうことである。

新学期開始早々に行われる保護者会では、生徒の一年間の豊富がたくさんつまった『三〇秒スピーチ』の原稿を用意する。その原稿には、「勉強をがんばりたい」「部活動でレギュラーをめざしたい」「英語検定で三級を取りたい」など、生徒のやる気がつづられている。

一学期末の保護者会では、総合的な学習で実施した三日間の『職場体験学習の感想文』を。二学期末は、学級が一つにまとまり、誰もが感動の涙を流した『合唱コンクールの感想文』を。中学校生活最後の保護者会では、卒業アルバムに載せる『二〇年後の自分にあてた手紙』を、それぞれ読んでいただく。いずれも、保護者会は大盛況である。都合があって参加できなかった保護者からも「作文を読みたい」という要望が寄せられるほどである。

我が子の作文を手にすると、どの保護者も真剣に読み始める。その様子を私は黙って見ている。我が子を思う親の愛情がその表情から伝わってくる。

「いや〜、汚い字！」

「こんなことを考えていたなんて」

などとあれこれ言いながらも、幸せそうに読んでいる。

その様子を見ながら、私は「作文を読んでの感想はいかがですか」と尋ねる。

ある保護者からは「思っている以上にいろんなことを考えていることがわかりました」「家では会話がなくて心配していたのですが、これを読んで安心しました」という感想が寄せられた。教室の雰囲気も温かくなる。

中には、我が子の字の汚さに愕然とする保護者もいるが、そんな時、私は次のように伝える。

「国語の授業ではないので、多少の誤字や表現の誤りは問題にしていません。自分の素直な言葉で書かれていることに意義があるのです」

「鉄工所での職場体験では、重いものを持って汗を流しながらがんばっていたそうです。多少字が乱れていても、文章から一生懸命働いた様子が伝わってくるのですから、字のほうは大目に見ましょう」

このように話すと、保護者も不思議と納得してくれる。

## 二　定刻には必ず終わる

保護者会が行われるのは、その多くが授業参観の後であろう。保護者も疲れている。その後の予定が入っている方も多い。時間通りに終わることは、準備なしで誰にでもできることである。

話が盛り上がり、延長しそうになっても、時間で一度切ってあげることが親切である。

「お話が盛り上がっているところですが、終了時間となりましたので、ここで一度終わりにします。お忙しい中、足を運んでいただき、どうもありがとうございました。何かありましたら、いつでもご連絡ください。なお、お時間の許す方は、ぜひこのままご一緒しましょう」

そう言って、ここで切り上げる方を笑顔で見送る。そして、まだ話の途中だった保護者に、

「それで、その時どうされたんですか？」

とすぐに話を振る。残っている方々はまだ一緒にいたいのだ。これで心置きなく話を続けることができる。

それとは逆に、時間前に話が尽きることもある。そんな時は無理に話を長引かせない。特に話題がないことを確認したらこう言う。

「では、今日はこれで終わりにします。お忙しい中、足を運んでいただき、どうもありがとうございました。お時間の許す方は、ぜひグラウンドや体育館などをのぞいていってください。いつもと違った生徒たちの顔を見ることができます。なお、個別に何かお話がありましたら、私はまだ教室におりますので声をかけてください」

その後、私はのんびりと机を戻したり教室の整頓をする。

保護者の方は、さっそく帰ったり、グラウンドを眺めたりとさまざまである。

中には「先生…」と個人的に話しかけてくる保護者もいる。二人以上いるときは、少し待っていただき必ず全員の対応をする。解散後の方が長くなることもしばしばである。しかし、保護者の方に満足していただけるのならそれでよい。

保護者会の数日後、スーパーで買い物をしていたら、ある保護者に声をかけられたことがある。

「先生、先日はありがとうございました。先生と話したいことはたくさんあったのですが、なかなかチャンスがなくて困っていたんです。だから、保護者会のあとお話ができてよかったです」

その言葉を聞いて以来、保護者会の後は必ず個別に話す時間を設けることにしている。おかげさまで、保護者会の評判は上々である。

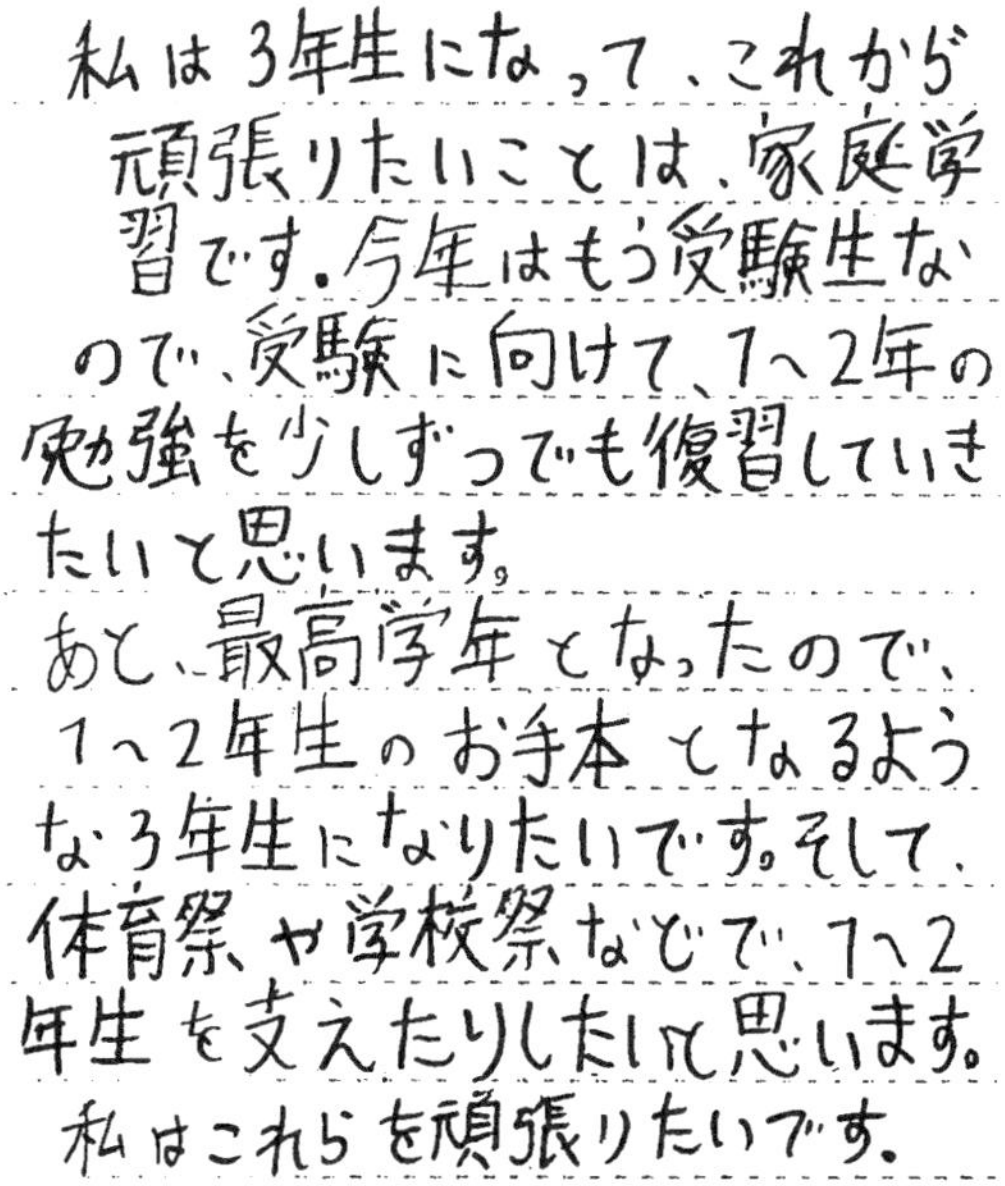
私は3年生になって、これから頑張りたいことは、家庭学習です。今年はもう受験生なので、受験に向けて、1～2年の勉強を少しずつでも復習していきたいと思います。
あと、最高学年となったので、1～2年生のお手本となるような3年生になりたいです。そして、体育祭や学校祭などで、1～2年生を支えたりしたいと思います。
私はこれらを頑張りたいです。

〈北海道別海町立別海中央中学校　佐々木尚子〉

# 第Ⅷ章　明るさを自信に変える生徒との別れ方の秘訣

## 【一年生】今年を超える学級をつくり上げる、と約束し合おう

### 一　今年を超える学級をつくり上げよ

学級の解散に際し、私はいつも向山洋一氏の学級通信を思い浮かべる。

◇さて、本当の最後の通信になりそうである。
子ども達と共に、ぼくもまた出立をする。
向山学級四代目の仕事のすべてを、自分の心の中で破壊する。
否定する。それはつらく孤独な作業なのだ。
しかしそうせねば、四代目を超える五代目は創れない。
◇別れの淋しさと四代目へのいとおしさに決着をつけた数日後からは、ぼくは五代目のことしか考えない。
全く別の方法と内容で、四代目をぬく五代目を創造する！
◇四代目の前途に幸多からんことを……その出会いのすばらしき事を……
ここに、調布大塚小学校六年一組、向山学級四代目の、すべてを終る。
『向山洋一年齢別実践記録集　第一四巻』九九頁

目の前の学級を超える学級を創造する、と断言する別れ方に初めて触れた。以来、毎年追試している。

一年生の子どもは、たとえば次のように綴る。

□あと二日。この言葉を今日何回もきいた。そのたびに胸がいたくなった。しめつけられるような。四組でいられるのもあと二日なんだ。さみしい。

別れって幸せっておもえることってあるのでしょうかね。私は辛いとしかおもえないんです。やだな別れたくない。小学校で六年間すごしてきたけどクラスがえがこんなにいやと思ったことがなかった。私は大好きですこのクラス。どうしてクラスがえがあるんだろうとうらんだこともあった。自信がないんです。Bさんたちとはなれてしまったら今までどおりやっていけるか。Bさんたちがいなかったら私はこんなに明るくはなれなかった。

心配です。このまま上へあがりたかった。（略）この気持ち文章では表せないけれど、とてもすごく複雑です。

私は先生に出会えてよかったです。よそうどおりの先生でした。兄と同級生のA君が学校へ行くようになったのもほぼ三年からしいです。それは友達と先生の力もあったからだと思い

ます。それをみていて、ああ長谷川先生っていう先生はどういう人なんだろう、あいたいなー、とずっと思っていました。

私本当にこの一年間たのしかったです。お別れなんてしたくないけど。自信がないけど前向きに生きてみようと思います。一年間ありがとうございました。□

「心配だ」という。「複雑だ」という。「自信がない」「お別れしたくない」という。これが普通の感想だ。

別れの感傷はあってよい。しかし、そこで留まってはいけない。「来年はいっそう質の高い学級をつくり上げよう」という前向きな気持ちを持たせたい。

そのために、教師の覚悟を示す。ここで立ち止まってはいけない、顔を上げよ、自分たちの力でより良い学級を築き上げよ、というメッセージを教師の姿勢で示す。

別れの日。私は次の二点を語ることにしている。

> 一年間、子どもたちが一所懸命頑張った姿。
> 今年を超える学級をつくり上げよ、という約束。

## 二　最後の約束

一昨年、新卒三年目にして初めて一年生を担任した。TOSSの実践をどんどん追試した。

三月から、黄金の三日間の準備をした。

立候補じゃんけん制を採用した。

当番活動と係活動を明確に分け、係活動を活発化させた。

隣と机をつけさせた。五色百人一首もたくさんした。「一〇〇日続けること」の具体策として、日記指導に励んだ。

入学後初めての遠足ではバスレクで盛り上がった。

体育祭では団体種目でつまずいて三位だった。

小学校時代から続いてきたいじめ・差別の問題と全力で対決した。保護者との往信は一週間で一〇〇通を超えた。

発達障害を抱え、不登校に陥った友人に、学級全員で働きかけたこともあった。彼は再び来るようになった。

合唱祭では、一部の生徒の意識の低さと闘いつつ、二日前にようやく団結の喜びを知り、当日は金賞に輝いた。

未熟ながら、討論の授業にも挑戦した。

冬、私の母が突然入院し大手術を受けることになったと知った生徒たちが、治癒を祈願して千羽鶴を折ってくれた。

学級は、様々なドラマを経て、底抜けに明るく元気な集団に成長した。最終日に、そのドラマを振り返らせるのだ。

修了式当日の学活で配付した学級通信を紹介する（一年四組学級通信『共』四五五号）。

■◇四月八日、一年四組がスタートしました。

卒業生を送り出してすぐ、この一年の準備を始めました。

日記を見ると、そのころの様子がよくわかります。

例えば、学級通信を『共』と名づけたのは三月二四日。

学級開きの準備をしたのが二七日。一年生担任と決まったのが四月一日。四組を持つことになったのが二日。
六、七日は栃木のサークルとの合同合宿を両神村で行い、新年度の準備を仕上げました。
そして八日。私はギターを担いで教室へ向かいました。教室にはすでに数人がいました。

「おはよう！」声をかける私に、「おはようございます！」元気に挨拶を返してくれる生徒達。

「初めての一年生担任だ。自分に務まるのだろうか」

「一年間で学級をつくり上げることができるのだろうか」

「何より、互いに楽しく過ごせるだろうか」

春休みからずっと続いていた不安が、この瞬間に吹き飛びました。

あとに残ったのは、新たな一年への大きな期待のみ。
◇入学式、君達が緊張している様子が手に取るように分かりました。あれでは教室に戻る前に疲れきってしまう。
だから私は、一つの工夫をしました。

担任発表で自分の名を呼ばれた時、思いっきり返事をしたのです。一年生の表情が笑顔に変わりました。少し、緊張が解けたように思えました。

初めての学活。初対面の君達相手に、私は四つのお願いをしました。この四つを、私は一年間何度も何度も語り続けました。

出会いから三日目、学級の仕組みがほぼ固まりました。

一人一役、自由な係活動等、小学校とは一風異なるシステムに戸惑った人があったかもしれません。

一年間、月並みですが、様々な出来事がありました。

それら一つひとつを、私は通信に綴ってきましたから、ここで繰り返すことはしません。

その中で、最も心に残っているのは、いじめ・差別をめぐる君達とのたたかいです。

私が全体の問題として三度取り上げました。

一時は保護者の方々まで巻き込んでの、あの大きなうねり。いつか書きましたが、あれはこの四組が、生まれ変わるための試練でした。

生みの苦しみを、三〇人全員が体験したのでした。

あの事件で、全員が心を痛め、頭を使い、解決に向けて動いたからこそ、合唱祭の優勝があり、そして、今の学級があるのです。
◇一年間で、四組は男女仲のよい、思いやりのある学級に成長しました。担任として、「とっても元気がよくて、仲がよくて、ベリーグッドな学級です！」と胸を張って言える学級になりました。
これは長谷川だけの努力では成し遂げられない。

君達一人ひとりが、「いい学級をつくりたい」「まとまりのある学級になりたい」と真剣に願い、動いたからこそ達成できたのです。

君達から、私もたくさんのことを学びました。『共』に大きく前進しました。

◇悔いなく、担任の仕事を終えることができます。大きな充実感を胸に、今日の修了式を迎えることができます。

君達と過ごしたすばらしき日々。

その日々を、私はしばらく忘れます。そして、来年はこの学級を超える学級をつくり上げます。必ず。

君達も、しばらく忘れよ。中学校生活は始まったばかり。

今年一年の出来事など思い出しもしないような、忙しくも充実した二年間を過ごせ。

それが、四組の君達と私との、最後の約束。■

ゆっくりと読み上げた。最後は、「この一年に自信を持て。ここにいる君たちなら、来年どこにいっても、この四組を超える学級を必ずつくれる」と締めくくった。

何日も前から、最後は笑って解散しようと言い合っていた。だが、男女を問わずすすり泣く生徒が続出した。私もまた、涙した。涙で濡れた顔に笑顔をつくって解散した。

さて、先に日記を掲載した生徒は翌年も私の学級に在籍した。彼女が昨年度末に書いた日記を紹介する。

□もう二年生生活もあと三日です。

最初は一組の雰囲気とかに全然なれず、一―四の方がよかった……とか思っていましたが、今では大大大好きなクラスとなりました。先生との約束守れましたよ。一―四を超えることが出来たかもしれません。

去年以上に、このクラスから離れるのが嫌です。ホントにホントに二―一でいたいです。

長谷川先生含め四二人の二―一がすごく好きなんです。もうこのクラスともお別れだし、長谷川先生のクラスでもなくなってしまう。幸せを二つ失う。

二六日は笑顔でお別れ…これは約束できないかもしれません。多分泣いてしまうかもしれません。目をつぶるとぐるぐると頭の中に、二―一での思い出がよみがえってきます。また戻りたい、四月に。

本当に早すぎた一年間でした。あの日々は絶対に絶対に忘れません。先生とすごした二年間、人生で一番楽しかった二年間でした。ありがとうございました。

二―一でよかったです。今までで一番最高と胸張って言えるくらいです。先生に教われてうれしかったです。とってもいい先生に恵まれました。この二年間の事、いつまでも胸にだいています。ありがとうございました。□

生徒は一年間の思い出を自信に変えて、新たな一年に挑む。教師もまた、「約束」を果たすべく全力を尽くすのだ。

〈埼玉県皆野町立皆野中学校　**長谷川博之**〉

# 【二年生】「尊敬される上級生になってほしい」

## 一 自分たちでできる、という自信を持たせる

生徒にはこのように言い続けていた。

> 上級生が一番いい学校は、間違いなくいい学校だ。

上級生が下級生の見本となる学校にしたかった。

担当学年である一年生が入学してきたとき、学校は荒れに荒れていた。そのときの三年生は、服装や頭髪の乱れ、器物破損、暴力、エスケープとひどい状態だった。一年生の教師集団は、自分たちの学年だけは普通に学校生活が送れるように闘っていた。必死だった。

学年集団の指導の違いから、「この学校には組織が三つあるみたいだ」と言った生徒がいた。

自分たちも、先輩のように茶髪にしたり、ルーズソックスをはきたい。携帯電話を持って来たい。「先輩たちは許されてどうして私たちだけ我慢しなければならないの？」と突っかかってくる生徒はたくさんいた。

そのたびに、説得を続けた。荒れないように授業を大事にしようと教師にも生徒にも言い続けた。

何とか、何とか踏ん張って、荒れているという状態になるのは阻止することができた。

君たちならきっといい学校を作ってくれる、見本となる上級生になるはずだと言って、最後の別れをしたい。

二年生のクラスの解散に当たって、意識したことがある。

> 自分たちでできる、という自信を付ける。

そのためのクラスの取り組みを考えた。

計画、実行は生徒たちの手でさせる。

もちろん助言や手伝いを教師はするが、最初から最後まで生徒たちの手ですすめさせる。

学級委員や班長がする場合もある。もしくはその行事のための委員を募集することもある。

今から紹介する生徒たちは、班長の会議で「お別れ会をやりたい」と言い出した。

企画書を書くこと、自分たちの手ですすめること、全員が参加できることが条件であった。場所や時間等の制約があるのですべて思い通りにいかないかもしれないが、先生もでき

るだけのことはすると告げた。

　次のような案が出た。

「プロジェクトX」
第一弾　百人一首大会
第二弾　ドーナツ化現象ドッジボール
第三弾　お弁当持って遠足

## 二　百人一首大会

　終わりの会や空いた時間にしばしば五色百人一首をやっていた。中学生にも、五色に分けられていて一試合五分程度でできる百人一首は大好評だった。

　二対二とか五対五で対戦すると、とれない生徒は面白くないが、一対一で勝負するのでボーッとしている暇がない。これが人気の秘訣だろう。

　そして、勝ったら上位の席、負けたら下位の席に移動するので、毎回対戦相手が入れ替わる。生徒同士がたくさんの生徒とコミュニケーションをとれる。クラスの仲がよくなる。五色百人一首には、やんちゃな生徒もニコニコして参加していた。

　今回の大会は班で五回対戦してAからEリーグまでを決める。もちろん相手は毎回入れ替える。その後各リーグ内で一位からの順位を決定した。

　各リーグの上位の者には、豪華景品（？）を準備した。これは担任からのプレゼントである。上位者に景品を渡した後、ささやかな参加賞を残りの生徒に渡した。

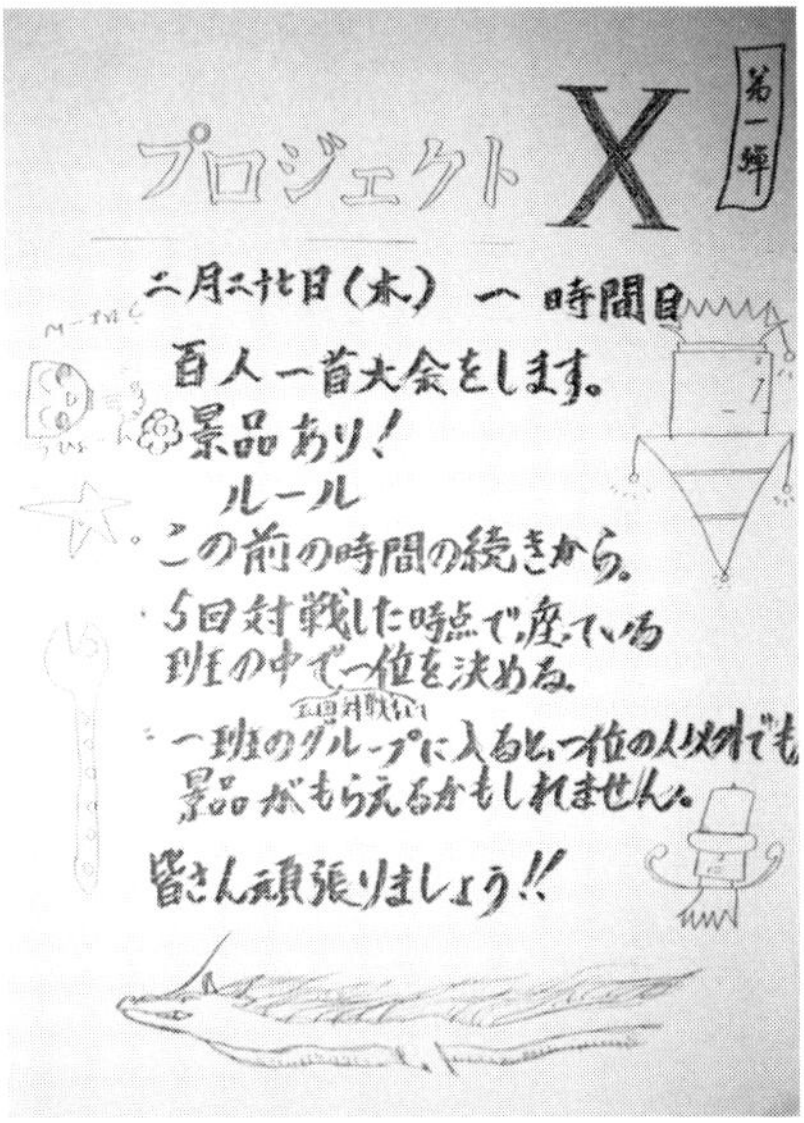


## 三　ドーナツ化現象ドッジボール

　コートはバレーボールのコートで行った。バスケットのセンターサークルが男子の陣地、その周りが女子の陣地である。こんなドッジボールがあるという紹介だけして、後の細かいルールは生徒が考えた。

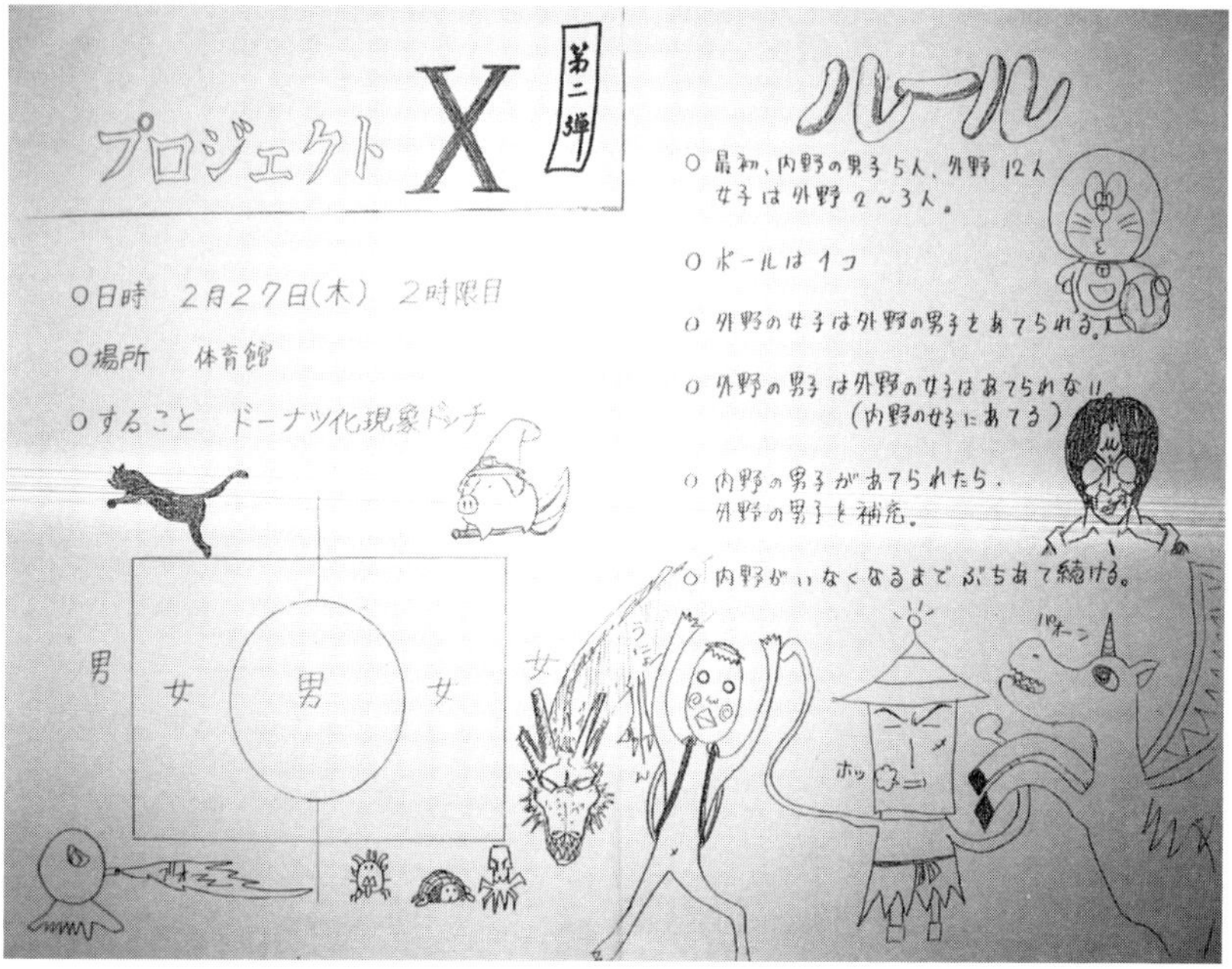


「最初、内野の男子は五人、外野は一二人、女子は外野二~三人」、「ボールは一つ」、「外野の男子は外野の女子を当てられない（外野の女子は外野の男子を当てられる）」、「内野の男子が当てられたら、外野の男子を補充」、「内野がいなくなるまでぶち当て続ける」というルールだった。

当日は、何も言わずに生徒を見ていた。

班長が自分の班のメンバーを整列させていた。「並んで」「ここやで」という声が聞こえた。

企画書通り最初から最後まで班長と学級委員で進めていた。頼もしかった。

女子のほうが有利かなと思っていたのだが、そんなことはなかった。センターサークルにいる男子の身のこなしがすばらしかった。

いつもはおとなしい女子が、大きな男子を追いかけ回している姿があった。意外な一面を見せてもらった。

## 四　お弁当持って遠足

プロジェクトXはクラスでの取り組みだった。第三弾は最後のお弁当の日に近くの公園に行く企画だった。

校外に出るので、学年教師と学校長に許可をもらう必要がある。話をすると、他の生徒も行きたいだろうからと、全クラス同じ時間に別の公園に行くことになった。

学校の近辺には、団地の中の公園、休日になると人々が集まる大きな公園など、大小たくさんの公園がある。

クラスの生徒たちは、企画の段階では一番大きな公園に行きたかったようだ。しかし、学年全体で行くことになったので、どの公園へ行くかは教師で決めた。生徒指導上での問題を考えてのことだ。

文化祭で優勝した時にお祝いパーティーをしようと言っておきながら、忙しさに流されてそのままにしていた。ずっと気になっていたので、この機会にお祝いすることにした。

差し入れのジュースとお菓子を持って公園に行った。二人の生徒がバーテンダーになり、みんなのジュースをついでいた。乾杯の音頭を、合唱で大活躍した男子生徒がとった。重いジュースを運んだり、出たゴミを集める生徒がたくさんいた。

ボールを持っていき、キックベースチームとおしゃべりチームに分かれた。男子全員と女子の一部がキックベースをやることになった。

キックベースでは、一人の男子がその場でてきぱきとチーム分けの指示をだしていた。

おしゃべりチームはジュースとお菓子を囲んで和気藹々と話をして過ごした。

## 五　最後の学級通信

中学二年生の一年間も、今日で終わりです。

二年生になってすぐ、三〇秒で自己紹介をする宿題を出しました。次の日「三〇秒で自己紹介をしなさい。先生は指名しませんので、自分から立って言いなさい」と指示しました。一番に立って自己紹介した人のこと、なかなか次の人が続かなかったことを今でも覚えています。

これを今三組で行ったとしたら、おそらく、もっとスムーズに自分から立って話すことができると思うのです。三組のみなさんが、自分たちでできるという自信を持ち、そしてあたたかい気持ちで聞いてくれるという安心感があるからです。このことがみなさんの成長であり、三組にとっての成長だと私は感じています。

三組解散のカウントダウンメッセージ。回し書きの言葉。素直に自分の気持ちを出せる雰囲気がありました。四月からは、最上級生としての生活がスタートします。自分のできること、得意なことで活躍してほしいと願っています。一年間どうもありがとう。

〈大阪府富田林市立金剛中学校　**月安裕美**〉

# 第Ⅸ章 学年別 明るさを自信に変える生徒との別れの秘訣

## 【三年生】卒業の別れは、「一人ひとり」と

卒業生が一〇〇名いるならば、一〇〇通りの「別れの言葉」があるはずだ。その子にしか通じない別れと励ましの言葉を、一人ひとりに贈ることで、これからの自信につなげていく。

そんな実践を紹介する。

### 一

教師は集団を相手に話をすることが多いので、しょっちゅう「みんな」「皆さん」という言葉を使う。「みんなは、どう思う?」「みんな、早くしてください」「皆さん、よく頑張ったね」「皆さんに、言いたいことが……」

生徒たちは、逆に、教師を一人の人間としてみている。生徒が「先生!」と呼ぶ時は、教師である自分一人を呼んでいるのだ。

一人対多数。学校生活の中で、教師と生徒の関係は、どうしてもこのようになってしまう。

しかし卒業式の日は、どんなに人数の多いマンモス校でも、時間をかけて全員の名前が読み上げられる。

一人ひとりの義務教育が修了した、という「呼名」である。

ここで、「皆さん、全員、修了しました」とはいかない。やはり大事な時は、どんなに人数が多くても、「一人ひとり」なのだ。

これまで「みんな」でくくられていた生徒たちだ。卒業の別れの時だけは、「一人ひとり」と別れを惜しみたい。

「皆さん、お元気で。さようなら」では、「卒業学級」との別れにはなるが、「卒業生」との別れにはならないのだ。

教師として、人生で最初の大きな門出を祝い、別れを惜しむのならば、生徒「一人ひとり」を意識した言葉がけや態度が必要である。

### 二

どの学校にも、卒業式に配布される「文集」があるはずだ。私の勤務校でも毎年『落葉松』という卒業文集が発行される。

その最後のページに「お世話になった先生から」というコーナーがある。職員全員が、その学年との思い出や、門出を祝い、励ます言葉を載せるのである。

その文面でも、やはり「みんな」「皆さん」が登場する。

「皆さん、卒業おめでとう!」「これからの皆の活躍を……」

ここを変えようと思った。私はこの文章で、「一人ひとり」を意識することにした。つまり、全員の名前と、その子にしか通じないメッセージを載せるのだ。

分量は大幅に増えるが、編集の先生にわがままを言って、書かせてもらっている。

以下、その『落葉松』の原稿を引用する（名前は全て仮名）。

＊　＊　＊

冬休み。実家から茶内に戻ってきて、最初に会った茶内中学校の生徒は、馬場君でした。「あけましておめでとうございます」と、お互い頭を下げあいました。馬場君、あなたは、茶中で二番目に「挨拶のできる」男です。これから社会に出て、立派に通用する人間です。

新井さん。あなたからもらった詩や俳句の作品は、ついに一〇〇を越えました。一五歳らしい、みずみずしい作品たちを、私の宝物にします。いつか「共著」で、出版しましょう(図々しい?)。

二年生の時、「いじめ」の授業で、全員感想を書いたのを覚えていますか？　「いじめられたって、死ぬな。俺がやっつけてやる」と書いて、皆を感動させたのは、大木君です。あなたのそういった優しさに、沢山の人が助けられています。

石田さん、川西さん、佐々木さん、東さん。半年間だったけど、一緒に生徒会で仕事をしてとても楽しかったです。「二学期おつかれさま会」は、あなたたちが始めた茶中の伝統です。一〇〇円ショップで選んだ六五個のプレゼント。もう一生できない経験でしたね！「いじられキャラ」がかわいい川西さん。アイディアマンの佐々木さん。太陽のような東さん。あくまでも優しい石田さん。仲良しで、さわやかで。とても素敵な四人組でした。

南君。あなたはとてもおもしろい人物です。普段、クールでかっこいいのに、生徒会でサンタスーツを着たり、文化祭でコントをやったり。頭はクールで心は熱い。それがあなたの魅力です。

田中君、吉岡君。牧草地の長い坂道を一緒に走ったの、覚えていますか？　あれはホントにきつかった！（でも楽しかった！）高校でも、走り続けてください。そして将来、有名選手になったら、皆に自慢させてください。お笑いでも、走ることでも、永遠のライバルでいてください。

岡島さん、糸井さん。一緒に卓球の素振りをした二年生の日々を、懐かしく思い出します。試合中、後で「頑張れ！」しか言えないようなヘナチョコ顧問でしたが、それでも一緒に旭川まで行ったね。あなたたちは忘れて欲しいでしょうが、ピンクのユニフォームで素振りをする二人の後ろ姿を、私は決して忘れません。

授業で、少し面白い話をすると、「おもしれぇ！」少し感動する話をすると、「いい話だ！」屈託のない笑顔でいつも前向きなコメントをくれる新沼君は、私の『元気の素』でした。あなたがいなくなると、「先生、今日も若いねえ！」とおだててくれる人がいなくなって、さらに老けるかもしれません。

西内君、新田君。授業中、いつも必死にノートをとっている二人でした。音読で西内君を指名したら、なぜか教室がシ～ンとなりました。皆を集中させる声の持ち主なのです。人徳なのかな。新田君と目があったりした時は、肩の力がフッと抜けました。あなたの笑顔は、人を癒すやわらかさがあります。これも人徳です。

人徳、と言えば板東さんと山本さん。三年生になって、二人と話をしたら、「生徒」と話をしている事を忘れてしまうことがありました。頼りない私を「ホラ、頑張りなさいよ！」と背中を押してくれる存在でした。いい「肝っ玉姉さん」になってくれるでしょう。

文化祭の舞台で。普段は見せないカッコよさを発揮したのが、木村君と小川君。ギターのソロを弾きこなす木村君。汗をにじませて演奏する小川君。どちらも本当にかっこよかった！　普段見せない別の顔。学校では見せないけれど、二人には、ギターとともに過ごした多くの時間があることに気付かされました。

マウンド上の花井君も、素敵でした。投げている時の花井君を見ると、「ああ、とっても野球が好きなんだな」と感じました。茶中の攻撃が終わって、マウンドに向かって走るあなたの横顔から、勇気をもらうこともしばしばでした。

陸上同好会の練習に一番つきあってくれたのが、大村君。『バスケットマン』として、体力をつけるために、足首に重りを巻いて走りました。バスケをやりたい！　という目標を、ひたすら追いかけるあなたのひたむきさから、多くのことを学びました。

それは、中村くんも同じです。夜遅く、学校で仕事をしていると、ランニング途中の中村君が、いつも寄ってくれました。走ると決めたら、走る。勉強すると決めたら勉強する。そんなあなたのまっすぐさ。男らしいと、思います。

正しいことを「正しい」と言え、間違っていることを「おかしい」と言える人が、白石さん。周りで起こるいろんなことをよく見、考え、行動を起こす勇気があります。芯の強い女性だと思います。

コツコツと学力をつけてきたのが福井さんです。テストで失敗してもあきらめず、追試では必ず高得点をあげました。ノートをとり、話を聞き、毎日積み上げた力が「志望校合格！」という今の力です。

陽だまりのような明るさを、田口さんから感じていました。あなたの笑顔に、何度助けられたことか！　いつまでもその笑顔を忘れないでくださいね。私の宝物であり、あなたの財産です。

笑顔と言えば、古田君。難しい漢字を書いた時の「やった！」という笑顔。ゲームをして面白い答えが出た時の、楽しそうな笑顔。それを見ると、先生になってよかったと、心から思えました。

この三年間。あなたたちが茶中にいてくれたことに感謝します。

ありがとう！

## 三

最初は、自分の後ろめたさを解消し、自己満足するために、一人ひとりへのメッセージを書き出した。

卒業生が読んでくれて、「フフッ」と笑って、喜んでくれればそれでよいと思っていた。

卒業生は喜んでくれたと思うが、それ以上に喜んでくれたのが、卒業生の保護者の方々だった。

ある卒業生のお父さんに「先生、『落葉松』読んだよ。ありがとう！」と、握手を求められた。

「あんな風に書いてもらえるとね、お世辞でも、うれしいよ。きっと娘の、これからの自信になるんじゃないかな」と、しんみり語ってくれたお母さんもいらっしゃった。

一年だけでなく、何年か（私は三年）続けると、それが生徒や保護者に認知される。『落葉松』は全校に配られるので、下級生の生徒や親は、自分たちが卒業する時に、藤原先生になんて書いてもらえるのかな、と楽しみにしてくれるようになっていたらしい。

それに気付いたのは、私が転勤することになった時だ。

離任式が終わり、送別会、出発式と、お世話になった保護者の方々とお会いする中で、たくさんの親たちに、

「来年の『落葉松』に、自分の子どもへのメッセージを書いてもらえないのが残念だ」といった内容のことを言われた。

正直、びっくりした。

一人ひとりへのメッセージだから、その当人しか読まないものだと思っていたので、全く関係のない、他の学年の親までが熱心に読んでくれていることに驚き、感謝した。

時間がかかり、根気の要る仕事だが、それだけ返ってくるものも大きい。

お勧めの実践である。

〈北海道標茶町立標茶小学校　**藤原佳澄**〉

# あとがき

最初の学活で学級目標を決めるときの様子を紹介する。

白紙のプリントを配った。

「何をするのですか?」という質問に、私は「ゲームです」と笑顔で答えた。

指示一　一分間計ります。形容詞を出来るだけたくさん書きなさい。

「スタート」という合図で、生徒はプリントに書き始めた。

一分後、列指名で発表させた。私はすべてを板書した。赤い・固い・臭い・高い・低いなど、三二個の形容詞が並んだ。

私は、『(　　　)方へ』と大きく黒板に書いた

指示二　進級し、クラス替えがありました。
このメンバーで、卒業までの二年間を過ごします。出来ることなら、先生はみなさんを卒業まで担任したいと思っています。
そこで、先生の願いを込めて《学級目標》を決めました。
(　)には、みなさんが発表してくれた形容詞が入ります。
(　)の中に、みなさんが出した形容詞を入れて読んでいきましょう。

全員で、読んでいった。

「赤い方へ」「固い方へ」…。「臭い方へ」のところで、教室中が大爆笑となった。元気のいい男子が「『臭い方へ』は、先生の願いじゃないよね」と発言した。これでまた、学級が明るくなった。

最後まで、全員で読み上げた後、聞いた。

> 発問一　この中で、「絶対に《学級目標》にしたくない」という形容詞はどれですか。

「臭い」「暗い」「悪い」などがあがった。

私は、これらの形容詞を黒板から消していった。

> 発問二　この中で、「これこそ《学級目標》にふさわしい」という形容詞はどれですか。

「楽しい」「正しい」「明るい」「面白い」など、八個があがった。

> 発問三　先生が決めた《学級目標》が、この八個の中にあります。どれだと思いますか。一個選んでください。
> 考える時間は一分です。

一分後、「理由を言える」と挙手をした生徒四人に発表させた。

「明るくなければイジメなどの問題が起きるので、『明るい』が学級目標にふさわしいと思います」「一年生の時、染谷先生が『楽しいのが一番』と言っていたので、『楽しい』だと思います」などの考えが発表された。

指示三　正解は、これから配る学級通信に書いてあります。手元に届いた人から、学級目標を見つけなさい。

私は、学級通信の第一号を配った。生徒は、学級通信を一斉に読み始めた。

『明るい方へ』だ。学級通信の題名だもん！」と、元気のいい男子が大きな声で叫んだ。

「正解です」と私が言うと、大きな拍手が起きた。

説　明　みなさんと一緒に明るい学級を作っていくつもりです。
だから、学級目標を『明るい方へ』にしました。この目標をいつも心に刻んでいて欲しいと思い、学級通信のタイトルも『明るい方へ』としました。

教室にいる全員が笑顔であった。


生徒指導と部活動指導に追われ、生徒の姿を見ることを忘れてはいないだろうか？

《めっちゃ明るい学級》は、学級担任である教師が望めば、いつでも、誰でもつくることができる。中学生のはじけるエネルギーは、底抜けに明るい学級から生まれる。私は、そう信じて生徒と接している。

本書では、ＴＯＳＳで学ぶ全国の中学教師が《めっちゃ明るい学級》を育てるポイントを紹介している。学級経営の参考になれば幸いである。

最後に、本書の執筆というまたとない機会を与えてくださった明治図書の樋口雅子編集長と、ＴＯＳＳ代表の向山洋一氏、ＴＯＳＳ中学代表の井上好文氏に心から感謝したい。

なお、世界一の教育ポータルサイトである「インターネットランド」（登録商標四四六八三二七号 http://www.tos-land.net/index2.php）を訪問すると、学級が明るくなり、そして大いに盛り上がる学級経営の秘訣を知ることができる。一度、アクセスすることをお薦めする。

TOSS中学　**染谷　幸二**

**【執筆者一覧】**（執筆順）

川神　正輝　　島根県石見町立石見中学校
染谷　幸二　　北海道別海町立中西別中学校
向井ひとみ　　兵庫県加古川市立平岡南中学校
瀧沢　広人　　埼玉県小鹿野町立小鹿野中学校
山辺慎太郎　　北海道中標津町立中標津中学校
山本　芳幸　　岡山県倉敷市立玉島西中学校
吉田　沙智　　北海道羅臼町立羅臼中学校
厚　　美佐　　滋賀県野洲市立北野小学校
松岡　義智　　北海道中標津町立計根別中学校
岡﨑　伸一　　東京都渋谷区立代々木中学校
真山　元樹　　鳥取県東伯町立東伯中学校
佐々木尚子　　北海道別海町立別海中央中学校
佐藤　泰弘　　神奈川県横浜市立東高等学校
大北　修一　　兵庫県加古川市立平岡南中学校
藤原　佳澄　　北海道標茶町立標茶小学校
越智　鈴穂　　愛媛県松山市立鴨川中学校
南川　敦子　　北海道別海町立別海中央中学校
大石　貴範　　北海道根室市立光洋中学校
富士谷晃正　　滋賀県五個荘町立五個荘中学校
柏木　博之　　鹿児島県垂水市立垂水中学校
青木　英史　　山口県光市立浅江中学校
垣内　秀明　　長野県高遠町立高遠中学校
堀部　克之　　東京都私立文華女子中学校・高等学校
長谷川博之　　埼玉県皆野町立皆野中学校
月安　裕美　　大阪府富田林市立金剛中学校

【編著者紹介】
向山　洋一（むこうやま　よういち）
1943年9月15日生まれ
1968年3月　東京学芸大学卒業
2000年3月　東京都大田区立多摩川小学校退職
世界一のインターネット教育情報ポータルサイトであるインターネットランド（TOSS商標）の代表。千葉大学非常勤講師，上海師範大学客員教授，日本教育技術学会会長，日本言語技術教育学会副会長，月刊『教室ツーウェイ』『家庭教育ツーウェイ』『向山型「算数」』『向山型「国語」』編集長。月刊『教育トークライン』，隔月刊『ジュニア・ボランティア教育』編集人。

【編集担当】
染谷　幸二（そめや　こうじ）
1966年1月2日生まれ
TOSSオホーツク中学代表　TOSS中学社会事務局
北海道別海町立中西別中学校勤務
住所　〒086-0215　北海道野付郡別海町別海川上町21-46
Eメール　someya@marimo.or.jp

中学教師の仕事術・365日の法則
第1巻　めっちゃ明るい教室経営の法則

2005年4月初版刊
2007年3月6版刊

©編著者　向山洋一
編　者　染谷幸二
発行者　藤原久雄
発行所　明治図書出版株式会社
http://www.meijitosho.co.jp
（企画）樋口雅子（校正）㈱友人社・松野
東京都豊島区南大塚2-39-5　〒170-0005
振替00160-5-151318　電話03(3946)3151
ご注文窓口　電話03(3946)5092

＊検印省略



Printed in Japan　ISBN4-18-607121-7